高等院校民航服务专业系列教材

民用航空服务礼仪

主　编　周为民　杨桂芹
副主编　苗俊霞　许　赟　刘茗翀

清华大学出版社
北　京

内 容 简 介

礼仪知识是提高个人文明修养水平的必修课，学习礼仪知识对于从事航空业的人员，或即将走进民航工作岗位的学生来说，尤为重要。本书着重介绍了航空公司对空中服务员和地面服务员在岗执勤期间应该遵守的行业规定，包括规范的职业化妆、职业制服穿戴、言行举止仪态、文明礼貌用语、面试技巧、商务礼仪及日常文明礼貌行为规范等多方面的知识，为热爱航空事业的年轻人，以及选择报考航空职业的学生起到直接指导作用和提供贴心的帮助。

本书适合高等院校民用航空专业的学生使用。

图书在版编目(CIP)数据

民用航空服务礼仪/周为民，杨桂芹主编. --北京：清华大学出版社，2015
(高等院校民航服务专业系列教材)
ISBN 978-7-302-39788-5

Ⅰ. ①民… Ⅱ. ①周… ②杨… Ⅲ. ①民用航空—乘务人员—礼仪—高等学校—教材 Ⅳ. ①F560.9

中国版本图书馆CIP数据核字(2015)第080924号

责任编辑：杨作梅
封面设计：杨玉兰
责任校对：周剑云
责任印制：何 芊

出版发行：清华大学出版社
网　　址：http://www.tup.com.cn，http://www.wqbook.com
地　　址：北京清华大学学研大厦A座　　**邮　　编**：100084
社 总 机：010-62770175　　**邮　　购**：010-62786544
投稿与读者服务：010-62776969，c-service@tup.tsinghua.edu.cn
质 量 反 馈：010-62772015，zhiliang@tup.tsinghua.edu.cn
印 装 者：北京鑫丰华彩印有限公司
经　　销：全国新华书店
开　　本：185mm×260mm　　**印　　张**：15.25　　**字　　数**：368千字
版　　次：2015年6月第1版　　**印　　次**：2015年6月第1次印刷
印　　数：1～3000
定　　价：48.00元

产品编号：056042-01

高等院校民航服务专业系列教材

编写指导委员会

前　言

为了提高高校教学质量和填补与完善航空专业教材的不足，根据航空公司特殊岗位的需求，经过几位专家的共同努力，编写了本书。

本书的亮点，是聚集了独特的行业知识，体现出鲜明的职业特点，编写得真实、实用，既有高大上的内容，又有接地气、与实际情况相融合的篇章，可以为今后开展航空专业教学活动提供良好的素材。

通过对本书的学习，可使学生对航空职业的特点及行为准则有进一步的了解和认识，并有助于学生在整个学习期间愿意接受航空礼仪培训与教育，愿意用民用航空礼仪标准严格要求自己，自觉规范自己的行为举止，逐步克服自身的不良习惯，从最普通的穿衣戴帽开始，注重标准站立坐行的训练、文明礼貌语言的运用，掌握职业化妆的方法及学会待人接物的基本原则，最终把自己塑造成合格的航空人。

本书凝聚了众多参与者的汗水和希望。愿更多热爱航空事业的年轻人、各大院校的学生们受益，愿更多的老师吸收正确的知识，传播正能量。

本书的主要部分是由周为民、杨桂芹、苗俊霞等几位从事民航领域飞行工作30多年的权威专家，以及拥有国内外多家航空公司飞行经验的刘茗翀先生共同完成的。作者为民航教学资深培训教官，拥有中国航协、国际航协IATA教员资质，在高等学院举办过多次航空专业专题讲座，是具备丰富教学经验和实训教学经验的一流民航专家。其中，周为民、杨桂芹为主编，苗俊霞、许赟、刘铭翀为副主编。

由于作者水平有限，书中难免有不足之处，恳请各位专家、各专业院校的教师和同学们批评指正。

编　者

目　录

第一章
礼仪的基础知识

什么是礼仪？礼仪是人们在长期的社会实践中，约定俗成的道德行为规范。即人们与他人交往的程序、方式以及实施交往行为时的外在表现。我们可以简单地理解为“礼仪”是尊己、敬人的一种表现，是一个人的内在品格、修养、良好的素质通过外在行为举止的体现。

第一节　礼仪的含义

礼仪是一个复合词，它包括“礼”和“仪”两部分。礼在内，仪在外。“礼”的含义体现于人的道德行为规范和伦理准则以及接人待物的礼节和礼貌。“仪”是外在的具体表现，即仪表、仪态、仪式。

从一定意义上讲，礼是做人的根本，仪是行事的方略。只有通过加强礼仪教育，提高国民素质，才能振兴民族精神，建设社会主义精神文明，创建和谐、安定的社会环境。

案例 1：令人遗憾的一幕

一次，在执行飞行任务前，机组人员排队穿过候机楼。由于时间尚早，没有乘坐自动步行道，也不想与其他旅客挤做一团。

然而，他们却无奈地看到另外一个机组，十几个人站在自动步行道上，旁边不规则地放着硕大的出差箱，这些人或左或右地堵满了通道，而身后急于赶飞机的乘客只能看着干着急，想借光过去，但显然人太多，很难通过。

其实，作为空乘人员，早该知道走路要靠右侧，这一条甚至已被写进了《乘务员行为规范》手册里，可是在候机楼的步行道上，却仍然看到了这令人遗憾的一幕。从中可以看出，礼仪问题是无处不在的，日常的很多行为举止都与“礼仪”有着直接的关系。

古人说，“不学礼，无以立”。就是说，人若不学“礼”，就无法在社会中立身。

其实，我们从小就接受过最传统、最朴实的礼仪教育。父母会告诉我们：到学校，见到老师要问好；回到家里要与父母打招呼；借人东西要归还，要说谢谢；乘车、购物时要排队等。这些都是最基本的礼仪意识。

现在长大了，不管你懂不懂礼仪，重视不重视礼仪，礼仪仍然是无处不在。

随着时代的发展，人们的精神需求日益提升，人人都寻求温馨和谐的生存环境，寻求充满文明友善、真诚与安宁的空间，这是人类文明进步的象征。

时代呼唤礼仪，行业需要礼仪。特别是民航服务业，每天迎来送往，乘客数以万计，学习礼仪尤为重要。航空公司要求每位员工严格职守、克己奉公、尽职尽责、遵守职业道德规范，在工作中不允许出现失礼、无礼等损害航空公司形象的行为。并明确指出，航空人员要加强个人文化修养，提高个人综合素质，注重改善服务质量，努力做到尽善尽美，树立良好的航空公司形象。

礼仪培训已引起各界领导的高度重视，礼仪素质教育不仅是航空公司所需要的，也是各种行业都需要的。接受礼仪培训，已成为各大院校在校生的必然要求和全社会的共同愿望。

人们都希望通过礼仪培训来提高个人的素质，改变单位或个人的公众形象。

所以说“不学礼，无以立”已成为共识。

练习题

1. 什么是礼仪？

2. 礼仪的含义是什么？

第二节　礼仪的原则

一、遵守原则

遵守礼仪原则是衡量一个国家、一个民族、一座城市的文明程度的标准之一，也是社会进步的表现。每位公民都应自觉遵守国家的法律法规，维护社会道德风尚，自觉地爱护公共财物、保护自然环境。守法律、讲诚信、讲文明、讲和谐，已经成为当今社会所提倡的新理念，是每一位公民都应自觉遵守的行为准则。

在校大学生更要注重培养自身的良好习惯，遵时守约，遵守校规，遵守课堂纪律，努力学习，顾全大局，热爱集体，热心助人，以积极向上的心态面对人生。

案例 2：我是全德国孩子的母亲

在法兰克福小镇上，一天傍晚 7 点多钟，一位德国妈妈独自一人走在回家的路上。

当时夜幕即将降临，各家小洋楼里透露出一缕一缕明亮的灯光。在这座宁静的小镇里，本身人口就不算多，连白天大街上汽车、行人都很少，到了傍晚，就更难见到人影了。

此时，我和乘务组的姐妹们无聊地在马路上散步，跟在这位 50 多岁的妇女后面，只见她自觉地遵守着“红灯停，绿灯行”的规则，一条一条马路地通过。尽管没有一辆车，却依然要耐心地等到绿灯亮起。我们边走边观察，议论说，“别说汽车了，连个人影都没有，要在别处，大家早就不知道闯了多少个红灯！”德国人怎么就这么自觉呢？

这时，我们已经和她并肩在一个路口等候红绿灯了，我实在忍不住，好奇地问她为什么要这样。她笑着说：“如果我闯红灯，万一哪家的孩子正好从窗户里看到我那样做，会给他带来错误的影响。我不仅仅是我儿子的妈妈，也是全德国孩子们的妈妈！应该这样做。”

我听完后，先是吃惊，后是感慨。一位多么普通的母亲，就是这样自觉遵守德国法律规定的啊！这位母亲是一位优秀的母亲，她用自己的实际行动告诉了我们一个道理：社会文明、良好的社会行为准则，是靠每个人自觉遵守搭建起来的。

二、尊重原则

尊重他人是礼仪的首要原则，是尊重他人的人格、他人的感情、他人的意愿。无论对方职位高低、身份高低、才能大小、身体强弱、相貌俊丑、年龄老幼、性别男女，都应予以尊重，使对方获得心理上的满足、精神上的安慰、道义上的支持。只有真诚待人，才是尊重他人。只有真诚尊重，才能创造和谐愉快的人际关系。

孔子说："礼者，敬人也"。这是对礼仪的核心思想高度的概括。所谓尊重的原则，就是要求把对他人的重视、恭敬、友好放在第一位。

案例 3：在大学生身上缺什么？

一批应届毕业生 20 人，被导师带到国家某一部委实习参观。全体人员坐在会议室等部长的到来。这时，办公室主任进来，忙着为大家倒水接待，同学们的表情很木讷，没有任何表示。其中还有一人问："有绿茶吗？天太热了。"

办公室主任回答："抱歉！刚刚用完了。"这时，一名叫陈玲的学生看着有点别扭，心里想："人家给你倒水还挑三拣四"，轮到她时，她轻声地说："谢谢！大热的天您辛苦了！"办公室主任抬起头来看了看她，满含惊奇的目光。虽然这只是简单、普通的一句客气话，却是她今天听到的第一句感觉很开心的语言。

门开了，部长走了进来。部长微笑地向大家打招呼，不知怎的，20 名同学静悄悄地，没有一个人回应。陈玲左右看看，犹犹豫豫地鼓了几下掌，同学们这才反应过来，稀稀拉拉地跟着拍手。由于掌声不整齐，越发感到零乱。部长挥了挥手说："同学们好！欢迎你们来这里参观。平时接待是由办公室负责，但是今天，因为我和你们的导师是非常要好的老同学，他希望我来给大家讲讲。我看大家好像没有带笔和纸，这样，我让办公室负责人送给大家我们这里的纪念手册留作纪念。"

接下来更尴尬的事情发生了。同学们坐着，很随意地用单手接过部长双手递过来的手册，部长的脸色越来越不好看，眼看发到陈玲面前。就在这时，陈玲礼貌地站立起来，身体微微前倾，双手接过小册子，恭敬地说了一声："谢谢您！"部长听到此话，不由得眼前一亮，伸手拍了拍陈玲的肩膀说："你叫什么名字？"陈玲照实回答，部长微笑地点点头，回到自己的座位上。早已汗颜的导师看到此景，才微微地松了一口气。

两个月后，同学们各奔东西，学校分配去向栏里赫然写着通知陈玲到国家某部委就职。有几位同学看到后颇感不满，找到老师：陈玲学习成绩中等，凭什么推荐她！老师看着这几张稚嫩的脸，笑道："是人家点名要的，其实你们的机会完全一样，学习成绩甚至比陈玲还好，但是你们除了学习好之外，需要学习的东西太多了，礼仪修养是第一课啊。"

通过这个案例，让我们知道：无论何时何地，都应记住“尊重”二字。

从俗也是尊重原则之一，这是指每个民族和地区都有其独特的风俗和禁忌，我们对此应理解和尊重，不能违反这些风俗禁忌。必须坚持“入乡随俗”的原则，与绝大多数人的习惯做法保持一致，尊重各自的禁忌。如果不注意禁忌，就会在人际交往中产生误会和障碍。

《礼记》中说：“入国问禁，入乡随俗，入门问讳。”俗话说“十里不同风、八里不同俗”，“到什么山唱什么歌”，这些是人民群众多年来总结出的格言，说明了尊重各地不同风俗与禁忌的重要性。切勿目中无人，自以为是。

三、适度原则

适度礼仪就是把握分寸。无论做什么事情，都要把握分寸、认真得体、不卑不亢、热情大方，有理、有利、有节，避免过犹不及。礼仪无论是表示尊敬还是热情，都有一个“度”的问题。如果没有“度”，施礼就可能进入误区。

例如：应该在意每一个细节!

(1) 进入公共场所需要控制好自己的说话音量，切勿大声说笑、吵闹或高声接听电话，否则会遭人反感。我们乘坐公交车时会深有感触，有的人操着外地口音，毫无顾忌地大声接听电话，大聊特聊，遭到周边很多人的反感和厌恶。

(2) 公共场合中，切勿隔着 2~3 米远大声呼喊他人，否则容易失态而不得体。

(3) 在任何时间段、任何场合与对方沟通时，音量一定要控制在不打扰第三者为宜。特别是在飞机上，乘务员与乘客对话时，要保持合适的距离，不可过于贴近或过于疏远。

(4) 初次见面握手要适度，握两下即可。

(5) 办理银行业务时需要排队，站在 ATM 机前时，一定要保持 1 米远的距离。

(6) 机场排队办理出入境手续时，要站在 1 米线外等候，按顺序办理。

(7) 在办公室、教室、公共场所中，异性之间接触要有度，不应有过分举止和言语。即使是情侣，恋爱也不应在公共场合。当众有过于亲密的举动是对他人的不尊重，是失礼的。

四、自律原则

自律是在社会交往过程中，对待个人，要自我要求、自我约束、自我控制、自我对照、自我反省、自我检查。这就是所谓自律的原则。

例如：城市文明需要你!

在现实生活中，在校园里，在学生宿舍区，依然有许多大学生用完卫生间不冲厕所，无论门上写多少提示(幽默的、警示的话语)，都无济于事，依然坦然扬长而去。还有的人吃过口香糖乱丢、乱粘，造成公害，损人不利己。有些人乘车时随意向车窗外抛物，随地吐痰，乱扔果皮、烟头、塑料袋。有些人横穿马路，不走人行横道线等。这些均是不文明、缺教养、低素质的表现。

我们要学会反思、自我反省、自我检查，要克服生活中的种种陋习，改正不文明的行为，为国家、为城市增加文明度做出自己的贡献。

案例 4：错在哪儿了？

出国或到港澳台旅行时，应当注意自己的言行，不要因为自己的言谈举止不雅而影响了国人的形象。在巴黎旅游期间，看到大部分国人在外面已经开始像其他国家的人们一样遵守秩序小声说话了，没有随地吐痰、乱丢垃圾。但是还有很多做得不够好的地方，不尽如人意，引发当地人的不满。例如：2014 年年初，内地一家小两口带着两岁半的孩子到香港旅游，突然孩子想尿尿，家长毫不犹豫、毫不遮掩地让孩子在大街上脱了裤子就在马路边上尿尿。当时，香港市民看到此景，极为不满，当场对监护人提出了批评。该大人不仅不接受批评，而且还与对方争吵起来，说“你管不着”。由此引发了许多网友、新闻媒体的争议。

其实在香港，对于“公共场合不允许任何人随地大小便”，法律里早已明确规定了。香港市民一直自觉遵守，故而看到个别内地人不遵守时，会感到非常诧异和愤慨。

虽然在内地人眼里看起来小事一件，但在港人的眼里，那的确是不拘小节、破坏公共环境、违法的大事儿。

练习题

1. 礼仪的四项原则是什么？
2. 分别简述礼仪四项原则的中心思想。

第三节　职业礼仪修养

职业礼仪修养是礼仪达到的一种程度，绝非个人生活小事，而是可以体现一个人的思想觉悟、道德修养、精神面貌和文化水平的。一个人的修养体现于细节，细节展示素质。对于在校的大学生或即将走向工作岗位的人来说，应如何加强个人礼仪修养，是我们面临的一个棘手的问题。现在可以说，应该首先从个人形象做起。

形象到底是什么？形象并不是一个简单的穿衣、外表、长相、发型、化妆的组合概念，而是一种综合的全面素质，一种外表与内在结合的动态印象。形象的内容宽广而丰富，它包括人的穿着、言行、举止、修养、生活方式、知识层次、家庭出身、与什么人交朋友等。这些清楚地为我们下着定义——无声而准确地讲述着我们的故事——我是谁、我的社会地位、我如何生活、我是否有发展前途……形象的综合性和它包含的丰富内容，为我们塑造成功的形象提供了很大的帮助。

下面看一下化妆前后的对比给人带来的直观感觉，如图 1-1 所示。

图 1-1 化妆前后的对比

接下来，我们给读者从几个方面提几点建议。

一、气质

(1) 让你自己看起来像个成功者。

从思维、穿着、举止、处世、讲话方面，默记“我是一个成功者”。

(2) 自信我没问题：

- 列出我的优势，并相信这是我的财富。
- 只穿让我自信的衣服。
- 眼睛敢于与别人直视。
- 用坚定、果断、热情的语气说话。

(3) 把握好两分钟的世界。

用一分钟展示你是谁，另一分钟让别人喜欢你。只有留好的第一印象，你才能开始迈出第二步。

(4) 热情是待人处事的态度：

- 面带微笑。
- 记住陌生人的名字。
- 宽待别人，赞赏别人，帮助别人。

二、服饰

服饰是视觉的工具，能为我们打开通往成功之路。我的出现，向世界传递我的权威、可信度、被喜爱度。不修边幅的人在今天这个社会上是没有影响力的。得体的服装能帮助我们优雅得体、镇定自若地应对各种场合。发型要选对。怪异的发型往往会给别人不好的暗示。俗话说“远看头，近看脚”，发型能代表一个人的追求方向和精神状态。

三、沟通

(1) 声音是人类交流中最有力的乐器。

一个动听的声音应该是饱满的、充满了活力的，语言表达清楚，富有感染力，能够调动他人的感情。迷人的声音需要腹腔的支持，能够强化别人对你的美好印象。

(2) 闲谈中的形象。

闲谈的目的，是为了找到双方更多的相似之处。

没有比谈论别人的缺点更破坏自己形象的了。

(3) 先学会听，再学会说。

一个善于沟通的人首先应该是一个听众。一个优秀的听众，能激起谈话者的情绪、思维，甚至开阔谈话者的创造力。

(4) 面对公众讲话是引人注目的最好时机。

一个不能够站在众人面前讲话的人，就不是一个真正引人注目的人。

一个人如果都不能描述自己的梦，怎么能让人相信你有一个目标？所以开会演讲才是引人注目、树立自己形象的最好时刻。

(5) 电话中能“听”出你的形象。

每一个电话，都要努力展示给对方一个有高度职业经验、可以信赖的形象。要笑起来，让你的声音在电话里传达着笑容及你的修养。

(6) 喜爱并赞扬别人是人际吸引的原则。

你期待别人怎样待你，你也要怎样对待别人。攻击和批判别人的人是不受欢迎的，无论你的用意是多么的诚恳。

四、肢体语言

要有高雅的举止。因为当你未曾开口之前，个人举止和姿态已经开始说话了，会告诉他人你是什么层次的人，是受过什么层面教育的人。

(1) 握手是陌生人的第一次身体接触，这 5 秒钟意味着经济效益。

握手的质量，表现了你对别人的态度是热情还是冷淡。如果对方伸出来的手让你感到像是抓着一条死鱼，你的心会立刻感到被拒绝、排斥。在同性的陌生人中，主动伸出手的人往往性格坚定、热情，或者有丰富的人际交往经验。

(2) 身体语言的作用。

身体语言能揭示人的内心世界，往往比语言表达得更真实、更可信。

身体语言可以展示我们自己，消融人与人之间的距离。

身体语言可以透露人的诚实度。

身体语言的交流比语言更加含蓄、微妙、可信。

(3) 微笑是没有国界的语言。

一个人脸上的表情比他身上穿什么更重要。微笑吸引着幸运和财富。

(4) 眼睛是心灵的窗户。

诚恳的目光、关注的眼神，是一种独特的语汇，能表达你对他人的尊重和态度。眼神的力量远远超出我们用语言可以表达的内容。一个不能运用目光沟通的人不会是个高效的交流者。可以每日对镜观察自己的眼睛，寻找不同心态的目光。

案例 5：她做了什么——让人点赞

在 CAXXX 航班上，一对八旬的老夫妇互相推让着一张头等舱的登机牌，最后，那位年迈的老太太坐在了头等舱，她的老伴坐在离她很远的 38 排普通舱的座位。她始终坐立不安，不时回头张望……乘务员细心地发现了这一情景，凭借她的经验，也猜到了大概的原因。她马上思考着如何恰当地为他们调整座位。沟通中，老太太说：“这次我们出国是看望女儿，老伴答应过要让我坐一次头等舱，今天愿望实现了。可是他也需要我的照顾，现在坐得太远了，这么长的时间，想说说话都不方便……”乘务员听后，安慰老人道：“阿姨，不用担心，我帮您想想办法。另外，如果您相信我，想说什么告诉我，我也可以帮您转达。”然后，又关切地询问了老人额头上的淤青——那是前一天老太太不小心摔的。“阿姨，您先休息一会儿吧，您的老伴把头等舱座位让您坐，就是关心您的身体，想要您好好休息，别让他失望哦！”老人的目光流露出信任和感激，“姑娘，我喜欢看你笑，很真诚！我坐飞机害怕，可是看着你们，我心里就很踏实。”

乘务员尝试着与普通舱第一排的客人进行了沟通——“能否调换座位，因为这样会使他们的距离缩短，有利于联系”；但却被回绝了。

乘务员由此又当上了义务通讯员，航班中为两位老人传递着信息。“老先生，刚才您太太吃的是面条，比较软，也好消化；她现在睡得很好，我刚才扶她去过几次洗手间；您放心吧……”尽管如此，两位老人还是相互牵挂着，不时地迈着蹒跚的脚步互相探望。

乘务员们心里很难过，为什么今天是满客，一个小小的客舱就将两位老人分开了？也许对于八旬老人来说，十几个小时分离太漫长了……

此时，带班乘务长越来越感到让两位老人在机上感到寂寞和遗憾“是我们服务工作的失败”，她决定再次尝试一下与其他乘客沟通。她的耐心和诚恳终于赢得了乘客的理解，头等舱的李小姐让老先生坐到自己的座位上，自己却坐到了普通舱。她说：“乘务员，我想帮你达成帮助老人的心愿。老人家的恩爱让我感动！你们的行为更让我激动和敬佩！”

古人说礼仪：礼者，敬人也，是做人的要求。中国人讲礼仪是一种自我修炼，是律己行为。一个人的成功，不仅需要良好的外在形象，也需要有良好的心理素质、行为素质，高尚的道德素质，积极向上的意识形态。成功学大师拿破仑·希尔说过：“世界上最廉价，而且能够得到最大收益的一种特质就是礼节。”

恰当地掌握和运用礼仪，如同给自己戴上一件璀璨、耀眼、华丽的首饰，能帮助我们变得美丽、优雅，赢得更多人的尊重。所以，礼仪要从娃娃抓起，如图 1-2 所示。

图 1-2 礼仪要从娃娃抓起

练习题

1. 为什么当代大学生需要加强职业礼仪修养？
2. 应该从哪些方面提高个人礼仪修养？
3. 与人面对面沟通时，应注意哪些礼仪？

第二章

乘务员容妆的塑造

如果一位女性既拥有靓丽的容颜，又拥有自己的事业和财富，那她真是天之骄子；这是在经济社会中很多女性的梦想。但任何人都不会否认，美丽来自于内心品质、来自于内在和外在品性的修炼，就如同财富来自于耕耘与创造。而如何修炼？如何创造从属于生命的魅力和价值？需要我们认真探究与挖掘。

第一节　职业妆的基本原则

一、化妆体现个性

化妆要与自己的身份、职业、性格相符合，要根据不同的场合，来设计自己的妆面。

(1) 如果需要表现个人，可以按照自己的个性特点来化妆，凸显个人风格。比如说时尚、率真、前卫、文静、青春、淑女、华丽，都可以通过化妆来实现。

(2) 如果需要代表一个单位、企业、公司的形象，则要求所选择的妆面必须是一致的、统一的，千万不要把生活中的偏爱带到职业妆中去。

二、职业妆代表共性

航空公司要求乘务员上岗前化职业妆，是为了体现空姐职业的统一性、纪律性，为了展现航空公司的整体形象，体现对职业的尊重，对乘客的尊重。通过化职业妆，帮助找到职业的感觉，更好地规范乘务员的行为举止。

(1) 乘务员职业妆的特点：干净、整洁、自然、大方、稳重、高雅、富有亲和力。

(2) 化妆的标准：突出职业特征，体现精神面貌，妆容与制服和谐，实现整齐划一的效果。

(3) 忌讳：妆面过浓、过艳、过淡、过冷。

(4) 男士对发型、面容的修饰，对皮肤的保护，同样需要重视。

(5) 男士尽管不需要化妆，但是，在专业课上仍然需要学习，需要懂得化妆的知识，掌握化妆的技巧。其作用如下。

① 在生活中，可以提醒身边的人注重培养自己的审美观，学会爱美。爱美本身是不分男女老少的，爱美是任何时候都会需要的。

② 如果一个男士很注重自己的仪表和着装，他一定是一位有品位、有修养的人。这也有助于他的事业成功。

③ 当今的市场经济就是眼球经济、形象经济潮流时代，学习化妆可以帮助我们提高管理水平，如果男士进入管理层当主任乘务长或带班乘务长，需要对组员管理，对组员进行着装仪表的检查，首先就必须具备这方面的知识和能力，知道职业妆的标准。如果自身是一个空白，就无法进行管理和检查！就无法具体地提出要求和指导！不懂，就没有说服力。

例如，某位男乘务长在出差前检查仪容仪表时，要求女乘务员必须化妆，由于不懂标准，误认为脸上有化妆的痕迹，就符合标准。因此说，学习“化妆”并不是女人的专利。

如果有人来采访，则男人在进入镜头前也必须化妆，包括美国总统克林顿、布什在内，他们在发表个人演说走进演播室之前，都是要化妆的，因为代表着国家形象。

三、乘务员化妆规则

乘务员的妆面需要有统一的格调。为了避免出现奇妆怪容，下面来介绍有关化妆方面的一些规则。

(1) 化工作妆以淡妆为主，简约、清丽、素雅，具有鲜明的立体感。它既要给人以深刻的印象，又不显得脂粉气十足，不能化彩妆，不能浓妆艳抹。总之，要清淡而又传神。

(2) 应当避免过量地使用芳香型化妆品。通常认为，与他人相处时，自己身上的香味在一米以内能被对方闻到，不算是过量。如果在三米开外，自己身上的香味依旧能被对方闻到，则肯定香水使用过量了。

(3) 应当避免当众化妆或补妆。尤其是在工作岗位上，更不可当众这样做，否则是对他人的不尊重。

(4) 不要非议他人的化妆。由于文化、肤色等差异，以及个人审美观的不同，每个人化的妆不可能是一样的。切不可对他人的化妆评头品足。

(5) 不要借用他人的化妆品，否则既不卫生又不礼貌。

练习题

1. 乘务员职业妆的特点是什么？
2. 乘务员职业妆的标准是什么？
3. 乘务员职业妆的忌讳是什么？
4. 男乘务员为什么要学习化妆？
5. 乘务员在化妆时应遵守哪些规则？

第二节　职业妆的塑造

一、人的五官形状比例分析

乘务员的妆面设计，以表现乘务员精神面貌为主要目的，通过型的塑造及色的韵染的和谐结合，表现出乘务员端庄、典雅、大方、自然、亲切的职业特点及职业韵味。

在五官方面，脸型、眉型、眼型、鼻型、唇型的塑造要符合自然生长特征，表现出乘务员的自然美，表现出亲和力。

我们说的“三庭五眼”，是指人的脸长度和宽度，按标准比例，符合自然生长状况，如果不符合此比例，就会与理想的脸型产生差距。

三庭相等：指脸的长度比例，把脸的长度分为三个等分，从前额发际线至眉骨，从眉骨至鼻底，从鼻底至下颚，各占脸长的1/3，如图2-1所示。

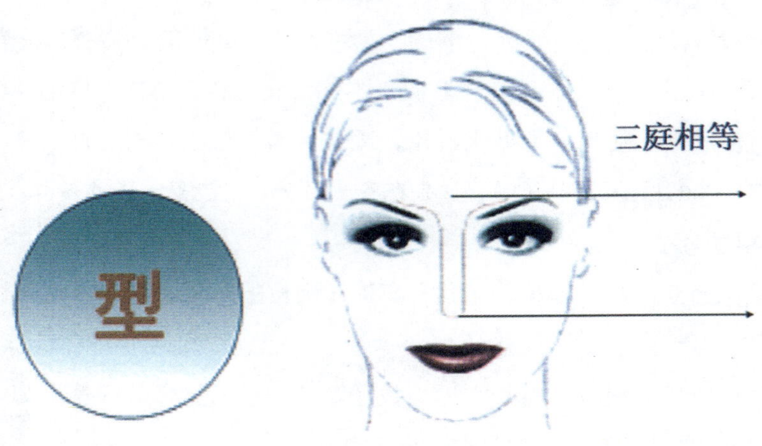

图2-1　三庭相等

五眼相等：指脸的宽度比例，以眼形长度为单位，把脸的宽度分成5个等分，从左侧发际至右侧发际，为5只眼形。两只眼睛之间有一只眼睛的间距，两眼外侧至侧发际各为一只眼睛的间距，各占脸宽的1/5，如图2-2所示。

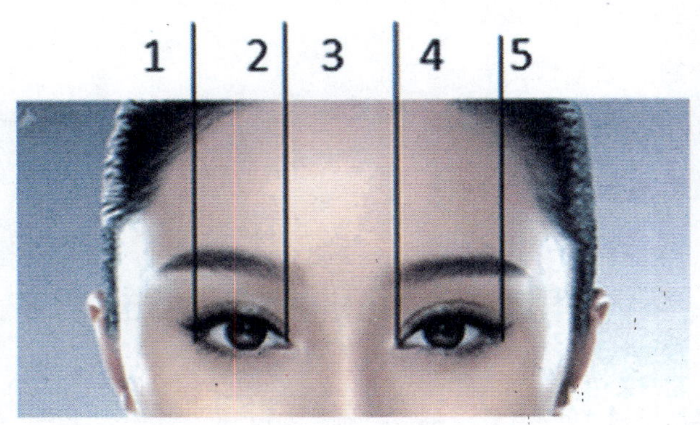

图2-2　五眼相等

(1) 脸型

常见的脸型有：甲字形(倒三角形)、由字形(正三角形)、申字形(菱形)、国字形、目字形、圆形。塑造脸型时，可以通过不同颜色的粉底来修形，用接近肤色的粉底均匀地涂在面部内轮廓处，再用略暗于肤色的粉底涂在外轮廓部位，这样既可以塑造脸型，又可以表现出面部的立体感。

(2) 睫毛线

画睫毛线要贴近睫毛根部，上睫毛线画得略重，下睫毛线要画清淡或不画。这样可以表现出睫毛的自然浓密感。

(3) 眉型

女乘务员要定期修眉，不可出现杂乱现象，眉型不可化得太细，否则缺乏亲和力。眉的长度以不超过鼻翼到外眼角的延伸线为宜。眉的粗细，从眉头、眉腰略粗，逐渐过渡到眉梢渐细，眉的最高点在眉毛的三分之二眉峰处，眉峰不宜太高、太尖，如图 2-3 所示。

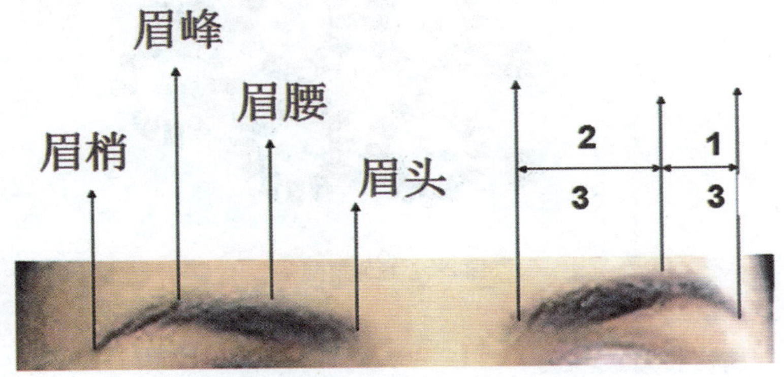

图 2-3　眉型

(4) 唇型

唇型要画出柔和、自然感，表现出微笑的唇型。唇峰画得略开、圆润，上唇略长、略薄，下唇略短、略厚，如图 2-4 所示。

图 2-4　唇型

二、乘务员化妆用色

乘务员妆面用色要考虑职业特点，选择柔和色系，偏暖色调。如橙色系、紫粉色系。

这些色彩既有时尚感又有稳重、亲切感。色彩的鲜艳度要根据肤色年龄进行调整，如图 2-5 所示。

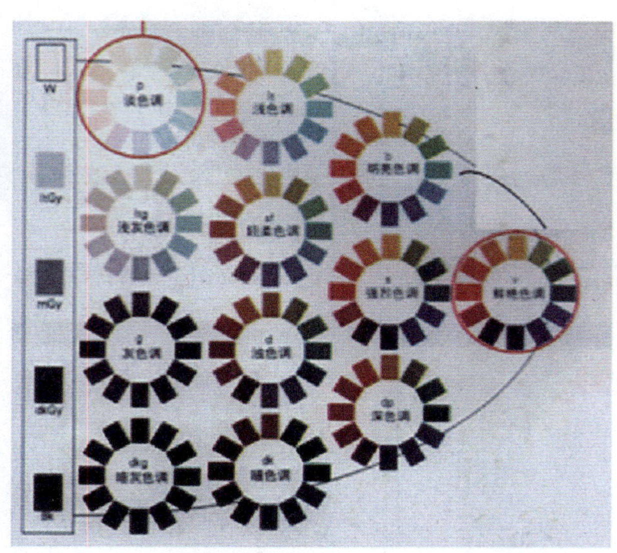

图 2-5　色彩搭配

眉部用色：与发色一致。

眼部用色：结构色、晕染色。

面部、唇部用色：与眼部色一致。

(1) 眼影用色

通过眼影，可以表现出眼部结构和眼部神韵，用浅淡色做结构色，鲜艳色做晕染色。

如“橙色系眼影”，第一步：用淡橙色眼影，沿眼线开始向上匀至眼窝顶端眉骨下方，颜色从下至上渐淡；第二步：用同色系略艳色眼影（即艳橙色），在双眼睑内匀开。眉骨处选择高明度的高光色，如淡肉粉色、淡象牙色或最浅色粉底。不宜用纯白色及银光色。紫色系、紫粉色也可用作眼影色，浅色做结构，深色做晕染。

(2) 睫毛线用色

根据亚洲人发色的特点，选用黑色、灰色、深咖啡色眼线笔、眼线液或眼线粉画眼线。

(3) 眉毛用色

亚洲人发色以黑色、深棕色为主，因此眉笔或眉粉选色适宜黑色、深灰色、深棕色。眉毛颜色要与发色一致。

(4) 鼻部高光色

提亮鼻梁，可增强鼻部的立体感，选色范围与眉骨提亮色一致，适宜淡肉色、象牙白及最浅色粉底。

(5) 面颊用色

面颊淡红可表现出红润的气色，也可塑造出面部的立体感，选色要适宜面部自然产生的红晕，如淡粉色、淡橙色。胭脂要在颧骨部位匀开，表现面部自然红润，不可画成晒伤红、苹果红，或条状。

(6) 唇部用色

选择滋润型有透明感的口红。色彩范围：粉红色、紫粉色、橙红色。唇线笔选色要与口红色一致。口红要涂得薄而透，不可过于浓艳。

(7) 睫毛膏用色

可选择加长、加密型睫毛膏。选色范围：黑色、深灰色、深咖啡色、深蓝色。睫毛膏不宜涂得过于浓重，失去自然感。

注：眼影、胭脂、口红的用色浓度要一致，色系要统一。如：橙色眼影应搭配橙红色胭脂及口红。紫色眼影应搭配粉红色胭脂及粉色或紫粉色口红。

(8) 颈部用色

颈部颜色要用粉饼与妆面做衔接。彩妆用色不可用珠光色，适宜使用亚光色。

三、乘务员化妆后的韵味

通过“型”的塑造，及“色”的晕染，打造出符合乘务员职业特点的韵味，表现出航空公司员工的精神面貌及职业风采，如图 2-6 所示。

图 2-6　乘务员的风韵

练习题

1. 简述化妆时，运用的“型”、“色”、“韵”分别代表什么含义?
2. 使用粉底霜的作用是什么?
3. 请画出一条标准眉毛的形状。
4. 画眼线的目的是什么?
5. 眼线用色应依据什么?
6. 画眼影的技巧是什么?
7. 使用睫毛膏应注意什么?
8. 面颊用色最好选择什么颜色?
9. 画口红的通用要领是什么?
10. 化完妆后，颈部需要如何打理?
11. 眼影、胭脂、口红的用色是否需要浓度一致、色系一致?

第三节　化妆的程序

一、洗手

化妆前要将手洗干净。

二、洁面

洁面是化妆前的第一步。彻底清洁面部，使毛孔通畅、透气，体现出皮肤的质感，如图 2-7 所示。

图 2-7　洁面

三、使用护肤霜

清洗面部后，拍一些保湿水和润肤霜。

四、使用隔离霜或防晒霜

适当地使用一点隔离霜或防晒霜，起到保护皮肤的作用。

五、涂抹粉底

粉底是基础底色，涂抹粉底的目的是调节皮肤的光洁度和细嫩度，使皮肤得到改善，获得白净、细腻、光洁的效果，体现出皮肤的质感，能给人带来更佳的感觉。

(1) 选择粉底时，应选择接近自己肤色的，增白是有限度的，不能超越自己的本色，应该选择比自己的脸色亮一度的粉底，否则没有敷贴感。俗话说：一白遮百丑。

(2) 脸庞偏大的可将粉底涂抹在脸颊的内侧，外侧可以打粉底，也可以不打粉底，这样可以获得缩小脸部轮廓的效果，同时立体感非常强，但是不能有明显的分界线。注意：要涂抹得均匀，如图 2-8 所示。

图 2-8　涂抹粉底

六、眉骨和鼻梁

(1) 用亮光粉，最好用浅颜色粉底，效果会更好，化妆后看上去一定要如同自然生长的，没有明显的痕迹，而且还有立体感。不可以过分夸张，化成舞台妆、戏妆，失去自然感觉。

(2) 如果中庭太长，就缩短提亮点，弥补比例上的不足。

(3) 可增强鼻部立体感，与眉骨提亮色一致，适宜使用淡肉色、象牙白及最浅色粉底，如图 2-9 所示。

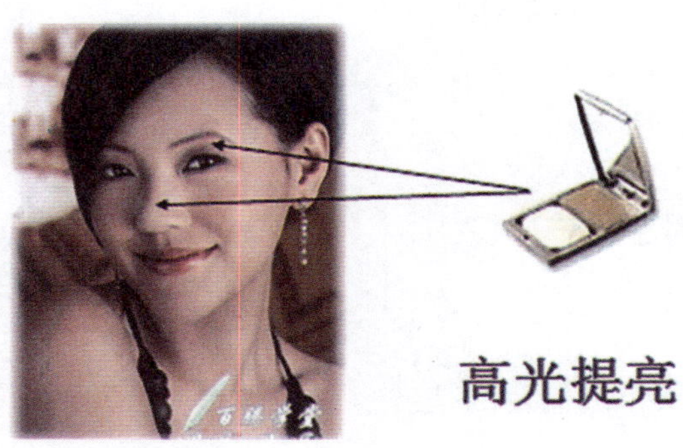

图 2-9　高光提亮

七、定妆

定妆的目的是吸油。脸色发白的用粉色粉饼，脸色发红的用绿色粉饼。最终的效果不能看出粉质感。

八、眉型

(1) 女士一旦走向社会、走向职场，就要每天化妆，就像男士要洁面、刮胡子一样。女乘务员要定期修眉。修掉杂乱部分，不是修得越细越好或吊眉。大眼睛小细眉是不协调的。

(2) 眉的长度，以不超过鼻翼到外眼角的延伸线为宜。眉的粗细：眉头粗、眉腰略浓，逐渐过渡到眉梢渐细，眉的最高点在眉毛的三分之二眉峰处，眉峰不宜过高、过尖，否则缺乏亲和力，如图 2-10 所示。

图 2-10　眉毛的长度

(3) 画眉毛时，上边缘要稀疏一些，切记不要化实，因为不符合眉毛的自然生长规律，自然生长的眉毛是一根一根的，它们之间应该有间隙，画出来的眉毛也应该出现间隙感。要画出绒感，像扫把那样一根一根的。

(4) 两眉之间不要太近，否则会给人紧锁眉头、一筹莫展的印象。应该恰到好处，眉开眼笑。注意：眉头一定要淡、不可太深，后半部分淡，看上去自然，如图 2-11 所示。

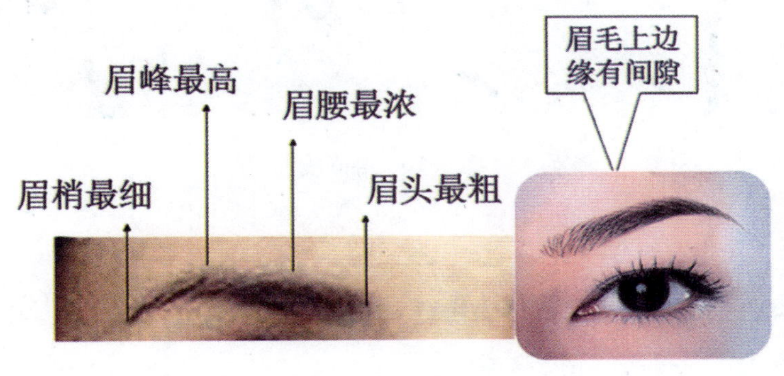

图 2-11　画眉毛

(5) 化妆的最高境界是自然、略施粉黛，化妆后，1 米以外看不出被修饰的痕迹。

(6) 选择的眉笔要与发色、眼睛的颜色一致，这样看上去和谐、自然、真实、不生硬，可以产生最佳效果。应以黑色、深棕色为主，也可以选深灰色，如图 2-12 所示。

图 2-12　画眉用色

九、眼线

(1) 通过勾画眼线，使眼睛的轮廓更加清晰、有神、明亮。

(2) 画上眼线时，要贴近睫毛根部，不要画得太重、太长，要遵循自然形成的眼窝，如果想挑高一点，中间一定要填实。

(3) 画下眼线时，要遵循自然生长规律，要画得清淡或不画。需要画时，可画在后 1/3 处，而且是虚化、清淡的。

(4) 如果是单眼皮，画完上眼线后，为了更好地与上眼皮衔接，在上眼线沿上略加一点深咖啡色。

(5) 年龄大一些的人，如果眼角下挂，可略提升一点，遮盖住疲惫感，使精神状态更好些。

(6) 根据亚洲人毛发的特点，选用黑色、灰色、深咖啡色眼线笔、眼线液、眼线粉画眼线，如图 2-13 所示。

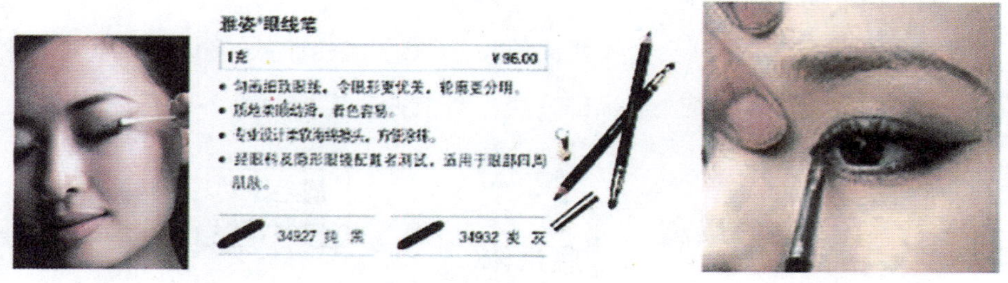

图 2-13　画眼线

十、眼影

(1) 眼窝：橙色或紫色。眼眶：淡肉粉色、月白色。

(2) 鲜艳的橙色可以提亮，用于外侧。

(3) 结构色用于眼眶，匀染色用于眼窝，如图 2-14 所示。

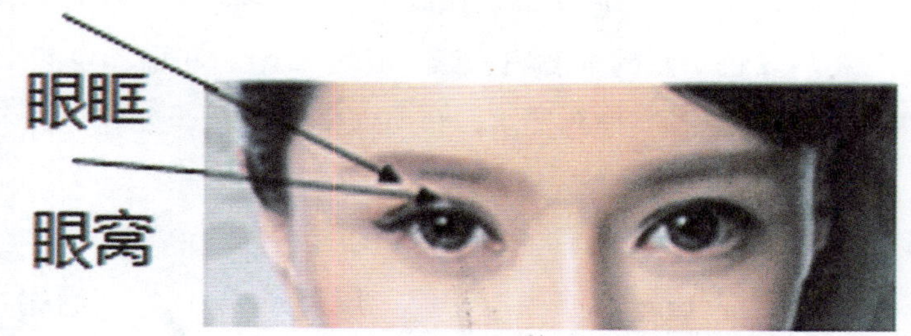

图 2-14　眼眶、眼窝

通过眼影可以表现出眼部结构和眼部的神韵，用浅淡色做结构色，鲜艳色做匀染色。

如“橙色系眼影”：

第一步，用淡橙色眼影，沿眼线开始向上匀至眼窝顶端眉骨下方，颜色从下至上渐淡。

第二步，用同色系略艳色眼影（即艳橙色），在双眼睑内匀开。眉骨处选择高明度的高光色，如淡肉粉色、淡象牙色或最浅色粉底，不宜用纯白色及银光色。紫色系、紫粉色也可用作眼影色，浅色做结构，深色做匀染色。

① 由外向内画，画在眼窝处，外侧比内侧略深一点。画眼影时注意：外重、内轻、下重、上轻。

② 画时，要慢慢地往上均匀展开，使之自然地过渡，一定要柔和。

③ 要点：画重了会有收缩、退后感；画浅了会有突出、扩张感。

切记：一定要让人看不出是画出来的美。眼影用色如图 2-15 所示。

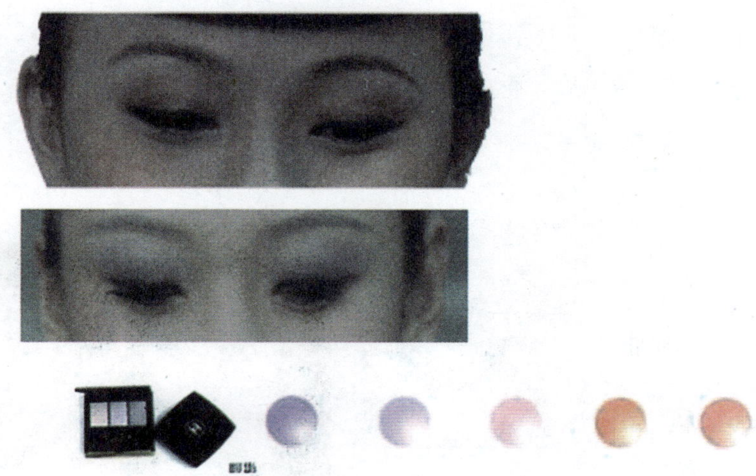

图 2-15　眼影用色

十一、睫毛膏

(1) 可选择加长、加密型睫毛膏。睫毛膏不宜涂得过于浓重，否则会失去自然感。

(2) 选色：黑色、深灰色、深咖啡色、深蓝色，如图 2-16 所示。

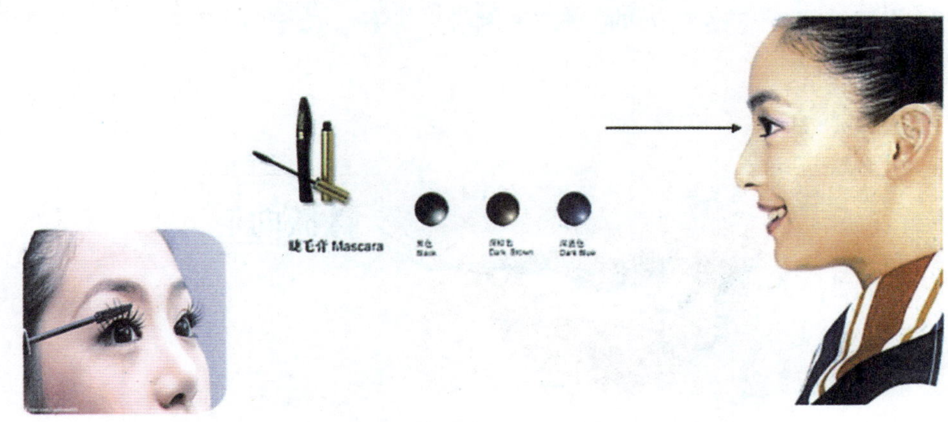

图 2-16　睫毛用色

十二、腮红

面颊红可表现出红润的气色，也可塑造出面部的立体感，选色要适宜面部自然产生的红晕，胭脂要在颧骨部位匀开，表现出面部的自然红润。

(1) 由内向外画出红晕。

(2) 没有边缘线。

(3) 如果需要塑形，改变脸形，如长脸形，腮红最好打成横向或圆形，圆脸型最好打成纵向，腮红下缘不要低于鼻子，如图 2-17 所示。

(4) 面颊选色：淡粉色、淡橙色。不可画成晒伤红、苹果红或条状。

切记：不能用朱光色、银光色。

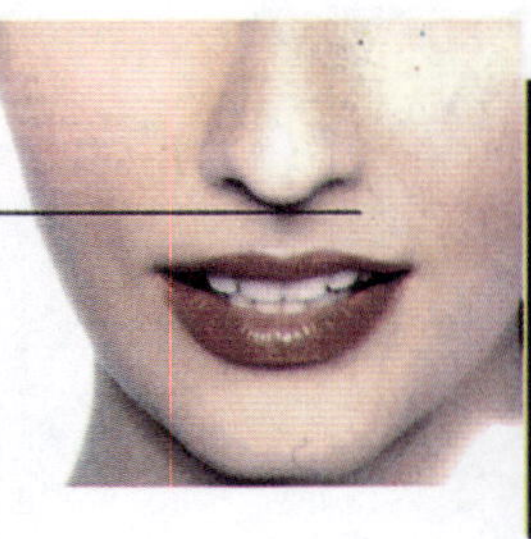

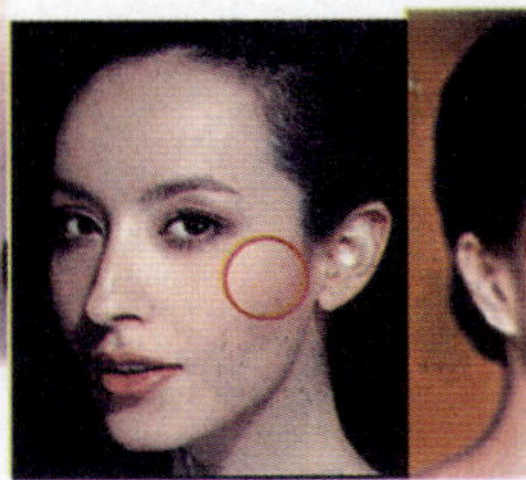

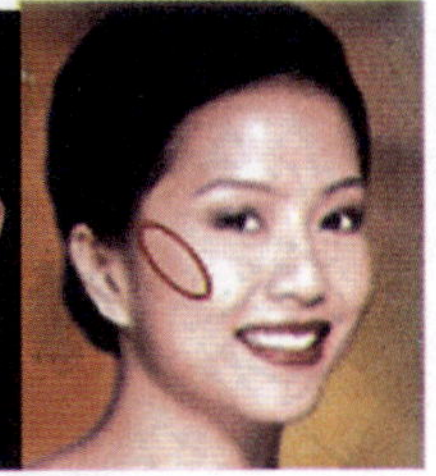

图 2-17　画腮红

十三、唇型

唇型要画出柔和、自然感，表现出微笑的唇型。唇峰画得略开、圆润，上唇略长、略薄，下唇略短、略厚。

(1) 人在微笑时，唇峰是打开的。微笑的嘴上唇平拉，微微向上一点。看上去笑得非常自然和甜美。

唇型如图 2-18 所示。

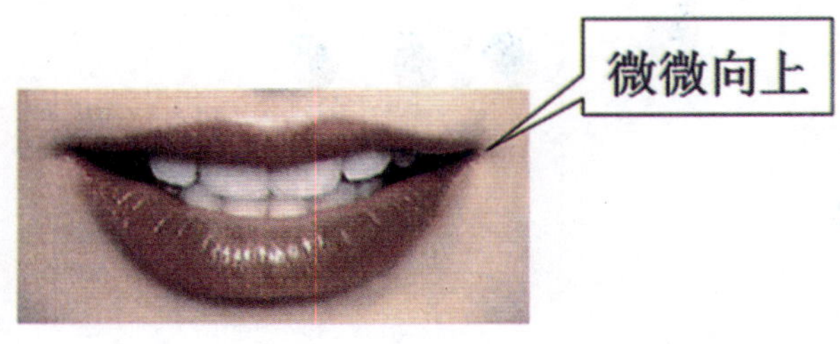

图 2-18　唇型

(2) 唇线笔要与唇膏是一个色系。

如果唇型很好看、唇线很清晰，可以不画唇线。

画口红时，太淡了不够精神，太重了又很庸俗。但是，眼影、口红要比眉毛、腮红重，突出眼部和口型。

(3) 如果需要缩小嘴形，可将口红画在嘴角的内侧，如图 2-19 所示。

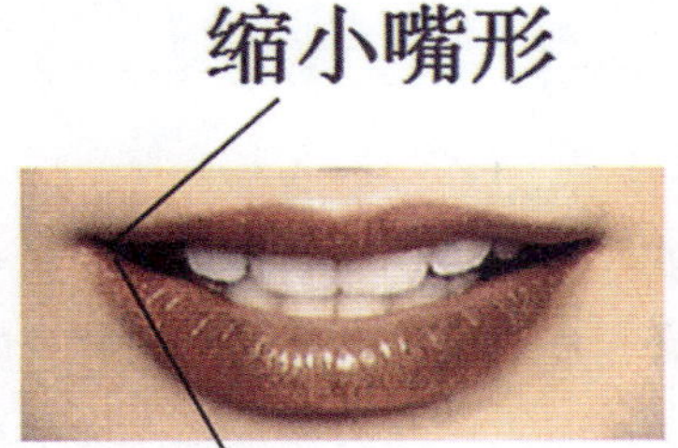

图 2-19　缩小嘴形

唇部选色：选择滋润又透明感的口红。粉红色、紫粉色、橙红色。唇线笔要与口红色一致。口红要涂得薄而透，不可过于浓艳。口红用色如图 2-20 所示。

图 2-20　口红用色

十四、颈部护理

经常做一些颈部按摩和保护。脸部化妆结束后，适当地在颈部拍一点粉，使脸部和颈部颜色一致，如图 2-21 所示。

图 2-21　颈部护理

十五、美甲

美甲是职业女性化妆不可缺少的一部分。

(1) 保持手部和指甲的清洁和护理。指甲不宜留得过长，以不影响工作为宜。

(2) 指甲油的色彩，通常选择与职业要求、服装色彩相匹配的。

(3) 职业人应选用一色的指甲油。不应在有颜色脱落或破损情况时出现在他人面前。

色彩选择：淡粉色、肉色、透明色，如图 2-22 所示。

例如：蓝 + 红 = 紫色，红 + 黄 = 橙色。

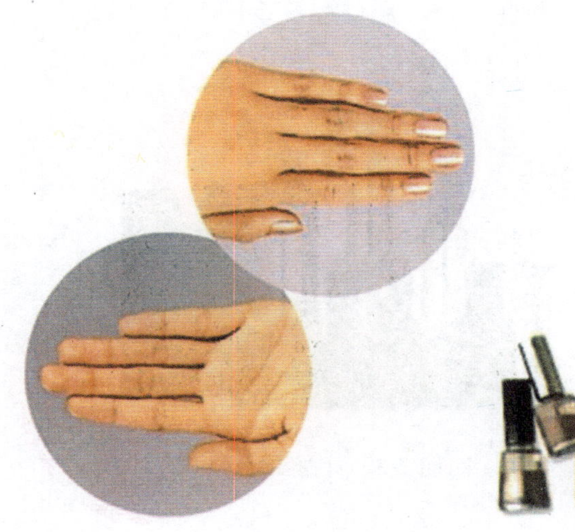

图 2-22　指甲油选色

知 识 拓 展

1. 品牌彩妆色彩的选择范围

(1) AUPRES：眼影——VI530 号。

(2) LOREAL：眼影——9/11/14 号。

(3) CD：眼影——双色：985/845 号。

(4) 胭脂——819/829 号。

(5) 胭脂——2D315 号。

(6) SHISEDO：胭脂。

(7) 口红——384/434/ 号。

(8) 口红——P8/S10/S3/6 号。

(9) 口红——PK310/BE310/RS710/RD710 号。

(10) LANCOME：口红——319/203 号。

(11) 口红——亮润型：400/501/403；汾泽水润型：201/200/202。

(12) MAKE-UP FOR EVER：35 88 69 36 21 98 114 116 89 31 20 57 93 12 118 68 26 123 20 142 86 109 18 33 号，本品牌的胭脂、眼影通用，是专业彩妆用品，色彩丰富，为特别推荐。

2. 日常的皮肤保养

科学饮食、充足睡眠、劳逸结合、保持愉快的心情、积极锻炼身体，是皮肤健康的基础。正确护肤的第一步就是清洁皮肤，第二步是合理使用护肤品。如图 2-23 所示。

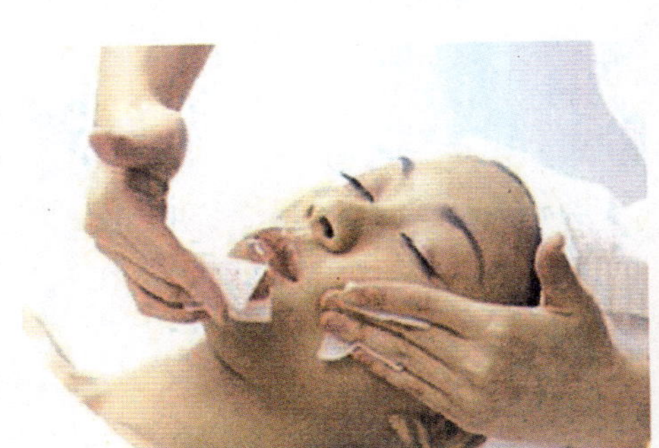

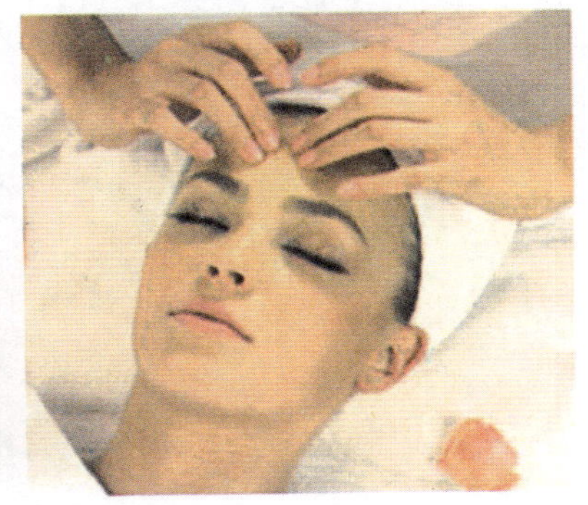

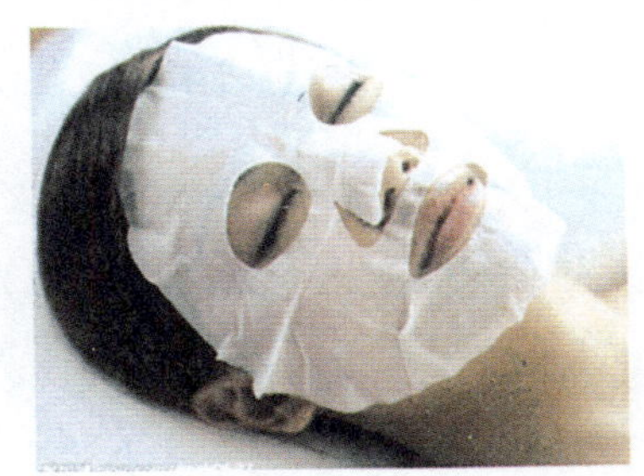

图 2-23 皮肤护理

要根据不同皮肤类型、不同季节气候、不同年龄、不同部位、不同皮肤状况，选择相应的清洁、护肤用品。油性皮肤可以使用温水、弱碱性清洁品来清洁皮肤，适当增加洗的次数，选用水质或清爽型护肤用品。

干性皮肤可以使用中性、弱酸性滋润型清洁品，减少洗的次数，选用滋润型、油性大一些的护肤品。一定要避免晒太阳，全年都要用防晒乳。洗完脸，不要擦得太干，当它还微微有点湿润时，抹上润肤霜。要让润肤霜慢慢地渗入皮肤，而不要使劲揉进皮肤。夏天可以用液质的，冬天皮肤太干时，可以用霜质的。夏天每天洗两次脸，冬天可以只在晚上用温水洗一次卸了妆的脸。早上只用温水冲洗即可。冬天或皮肤太干时，每周可以用面膜一次，以滋养皮肤。干性皮肤的人在饮食中要注意选择一些脂肪、维生素含量高的食物，如牛奶、鸡蛋、猪肝、黄油及新鲜水果等。在秋冬干燥的季节，要格外注意保养，补充水分，多喝水，选用油脂含量高的护肤霜，防止皮肤干燥脱屑，延缓皮肤的衰老。

中性皮肤清洁品及护肤品的选择范围比较大，混合性皮肤要根据不同部位选择合适的清洁品和护肤品。

敏感性皮肤最好在医生的指导下，选择医学护肤品；干燥季节和地区要选择滋润型乳液、霜剂，潮热季节和地区要使用水质及清爽型护肤品；洗澡要适当，建议用温水轻柔洗浴，洗浴次数要根据皮肤类型、季节、地区、水质等因素而定，浴后要使用润肤剂。

乘务员出差前后，要做皮肤补水面膜，以补充因空中干燥而使皮肤失去的水分。下机后，要彻底进行皮肤清洁及营养补充，如图 2-24 所示。

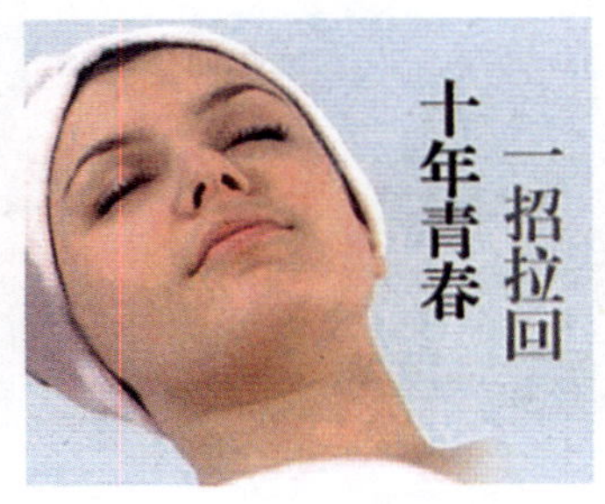

图 2-24　皮肤营养补充

3. 日常头发护理

乘务员下机后，特别是长航线回来的航班，不宜马上洗发，否则容易脱发。乘务员平常应如何护理头发？下面简单地介绍一下。

正确的洗发步骤如下。

(1) 洗发前先梳头，这样可以把头皮上的脏东西和鳞屑（也就是死细胞）弄松，以方便下一步的清洗。

(2) 把头发弄湿，直到底层的头发和上层的头发一样湿透为止（否则洗发水就不能产生足够多的泡泡），并将洗发水倒入手掌，加水稀释、起泡。

注意：不要直接把洗发水倒在头发上，否则会过度刺激头皮，产生头皮屑。

(3) 用指腹把洗发水均匀地揉进头发里，用指腹轻轻按摩，直到形成一层厚厚的泡沫。千万记住，是指腹，不是指尖，更不是指甲。

(4) 冲洗头发，直到彻底冲洗干净为止。不过，还要再次将一茶匙的洗发水加水起泡，轻轻地揉到头皮上，这次主要是为了清洗发根，然后再用水冲掉。

(5) 将护发素从发梢抹至发根，轻轻按摩一会儿，再彻底冲洗掉。

干性发选择温和、营养性的洗发护发用品，油性发应选择去污力略强的洗发用品。

4. 体毛必须修整

鼻毛不能过长，过长的鼻毛非常有碍美观。可以用小剪刀剪短，不要用手拔，尤其是不要当着其他人的面拔鼻毛。腋毛在视觉中不美观，也不雅观。白领男士和女士应有意识地不穿暴露腋毛的服饰。女士在社交活动中穿着使腋窝外现的服装时，必须先剃去腋毛，以免有损整体形象。在社交和公务场合，男士不得穿短裤，不得挽起长裤的裤管。女士在穿裙装和薄型丝袜时，如果会露出腿毛，则应先将其剃掉。

5. 保持牙齿清洁

牙齿是口腔的门面，牙齿的清洁是仪表美的重要部分，不洁的牙齿被认为是交际中的障碍。在社交场合进餐后，切忌当着别人的面剔牙，可以用手掌或餐巾纸掩住嘴角，然后再剔牙。如果口腔有异味，必要时，嚼口香糖可减少异味，但在他人面前嚼口香糖是不礼貌的，特别是与人交谈时，更不应嚼口香糖。

6. 不可在公共场合修剪指甲

社交活动中，人与人之间需要握手。手是仪容的重要部位。一双清洁没有污垢的手，是交往时的最低要求。要经常修剪指甲，指甲的长度不应超过手指指尖。修指甲时，指甲沟附近的“爆皮”要同时剪去，不能用牙齿啃指甲。特别值得提出的是，在任何公共场合修剪指甲都是不文明、不雅观的举止。

7. 色彩的魅力

色彩是无限的，中国古代绘画中有赤、黑、黄、青、白 5 种正色。西方绘画中有红、黄、蓝 3 种颜色，阳光中可以分解出赤、橙、黄、绿、青、蓝、紫 7 种颜色。由此看来，服色不仅是艺术，同时还是文化。可以尝试用多种颜色的服装去营造多样的氛围，在这一点上，每个着装者都是艺术家。

(1) 灰色：显得严肃且高雅，有超凡脱俗的风度，款式要大方得体，廓线利落，腰肩各部造型分明，这样看上去不落伍。

(2) 红色：可以塑造一种现代、洒脱、乡土气、放荡不羁的气质。

(3) 褐色：多情色、优雅色。

(4) 绿色：如墨绿、深绿、土黄，只要在此系列中就可以任意搭配，因为基本属于一个色相，只是色阶不同。如果选择得好，做成职业装、休闲装，都可以很大气、很文气，沉稳而又深邃。当然，如果皮肤偏于黄褐色，就不可选择此色，不然穿出来，整个像一个“出土文物”，就太对不住大家了。

(5) 蓝色：选择余地较大，有清澈如湖水的湖蓝色、又鲜亮又沉静的宝石蓝，还有牛仔似的靛蓝。

- 蓝色衣服是黄皮肤的人最常选择的颜色。因为蓝色会使黄皮肤的人显得脸上生光。
- 白皮肤和黑皮肤的人选蓝色为衣的较少。

如果女性穿蓝色风衣，露出银灰色羊绒衫、洋红色的呢裙，再加上黑色皮鞋和黑色皮包，会显得非常高雅。这时候，不要忘记用鲜艳的丝巾点缀一下，会有新的亮点出现。

练习题

1. 简述化妆的顺序。
2. 化妆的最高境界是什么?
3. 如果需要缩小嘴形，应采取什么样的手法来修饰?
4. 乘务员在工作期间，最好选择什么颜色的指甲油？应注意什么？

第三章

乘务员的职业形象

良好的职业形象是事业成功的第一步，成功的外在形象能对一个人的事业成功起到锦上添花的作用，不好的形象甚至可以破坏或阻挡事业的顺利发展。一个成功的形象，展示给人们的是自信、自尊、力量、能力，它不仅仅反映在给别人的视觉效果中，同时，也是一种外在的辅助工具，让我们对自己的言行有了更高的要求，能立刻唤起内在沉积的优良素质。通过穿着、微笑、目光接触、握手，这一举一动，都能散发一个成功者的魅力，让我们做事业时事半功倍。

时下很多行业需要穿着制服，但是，真正称得上万众瞩目的，恐怕只有空姐制服了。空姐制服融入了女性柔美风格及国家民族特色，成为势不可挡的制服诱惑的典型代表。空姐可以成为一个城市甚至一个国家的形象代言。空姐的制服就像美丽鸟儿的羽毛一样，成为这个职业气质的标志，已经被许多服务行业作为效仿的目标和学习的榜样。

第一节 发　型

乘务员的职业形象就像一个特殊的符号，具有极强的影响力和感召力、耀眼夺目。它通过特殊标志、字体、色彩，运用视觉设计效果，将企业的理念及特性视觉化、规范化、系统化，来塑造公众认可、愿意接受的形象。每一名合格的乘务员在上岗前，必须按照航空公司的标准着装，按标准发型梳理打扮，必须维护航空公司的尊严和形象，切不可按照自己的个性来设计发型、着装，不可乱搭配或者混穿制服。

一、女乘务员的发型

（一）长发

长发要求统一盘起，原因有两点：第一，是航空安全的需要，显得干练、利索，一旦发生紧急情况，可以没有任何障碍，能非常迅速地采取应急措施。第二，是服务职业的需要，显得干净、整齐、具有职业气质。

盘发用具：发网、小型发卡 4 个、皮筋、U 型发卡、定型水、梳子，下面介绍三种长发盘起的方法，如图 3-1 所示。

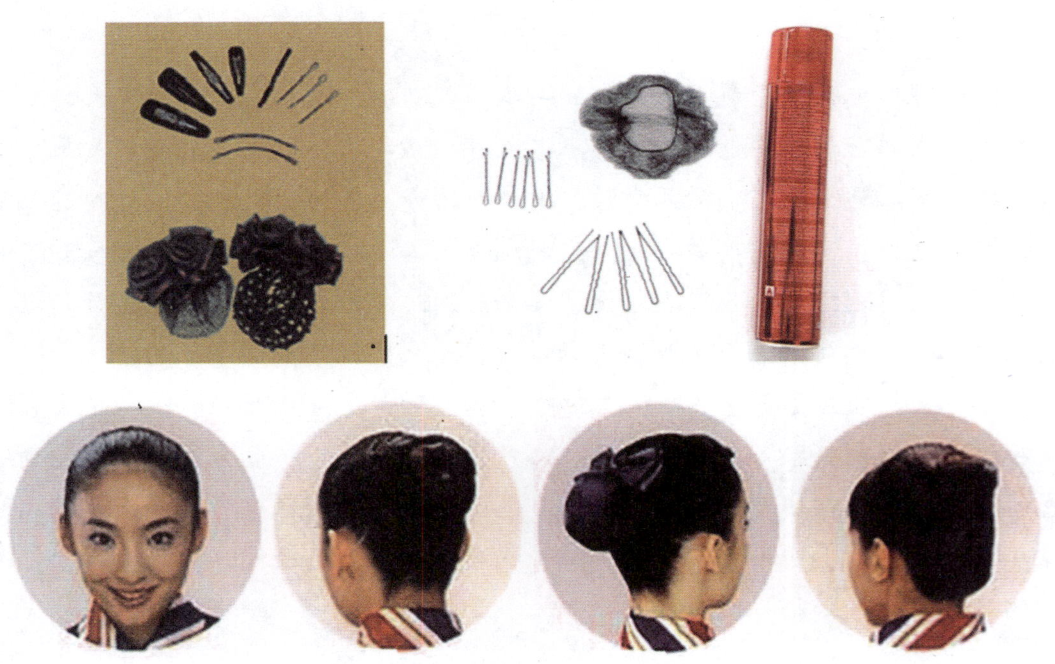

图 3-1　乘务员的三种发型

发型一：中国发髻

盘发步骤如下。

(1) 长发整齐地向后盘起，发髻高度与耳部上缘取齐，前额不留刘海、碎发使用定型水或发网固定，做到一丝不乱，整齐干净、饱满。

(2) 用皮筋将所有头发扎起成马尾状，如图 3-2 所示。

图 3-2　用皮筋将所有头发扎成马尾状

(3) 用黑色发网将马尾全部罩住，如图 3-3 所示。

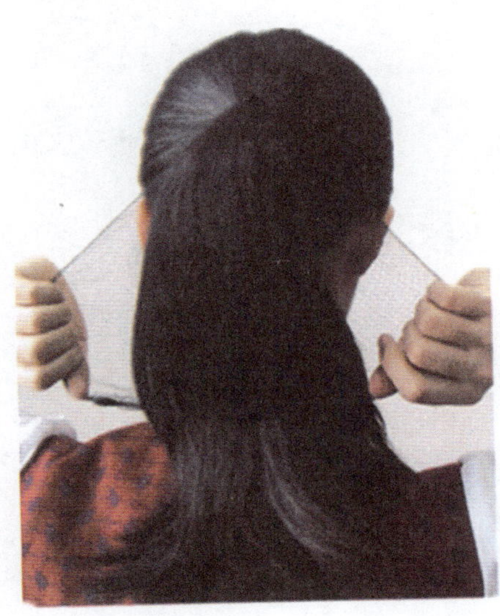

图 3-3　使用发网

(4) 左手抓住发根，右手抓住马尾并顺时针旋转，直至将头发盘起，位于头的后部，如图 3-4 所示。

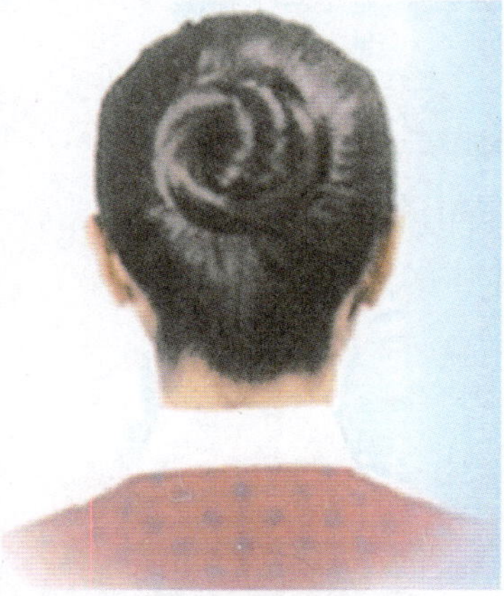

图 3-4　顺时针旋转直至头发盘起

(5) 用 U 型发卡将发髻固定，外形整体饱满。

(6) 用小型发卡和定型水将碎发固定，真正做到一丝不乱。

发型二：佩戴头花

带头花盘发发型，目前国内有多个航空公司使用。

盘发的步骤如下。

(1) 按照上述中国发髻的头两步操作。

(2) 将头花网套上的卡子别在头发根部，再将马尾碎发放入网套内，高度与双耳上缘对齐，如图 3-5 所示。

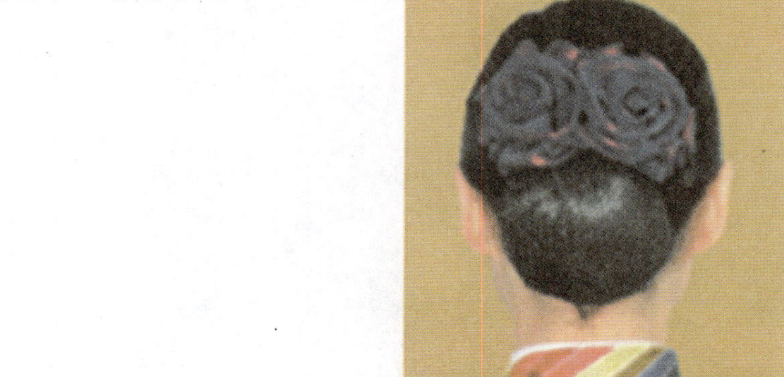

图 3-5　使用头花网套发型

发型三：法国髻

法国经典盘发给人一种独特的时尚优雅感，更有富贵感，已经被许多航空公司采用。

盘发的步骤如下。

(1) 前面的头发采取侧分方式，如图 3-6 所示。

图 3-6　前发侧分

(2) 八字手在脖后处将头发勾住，逆时针旋转头发，如图 3-7 所示。

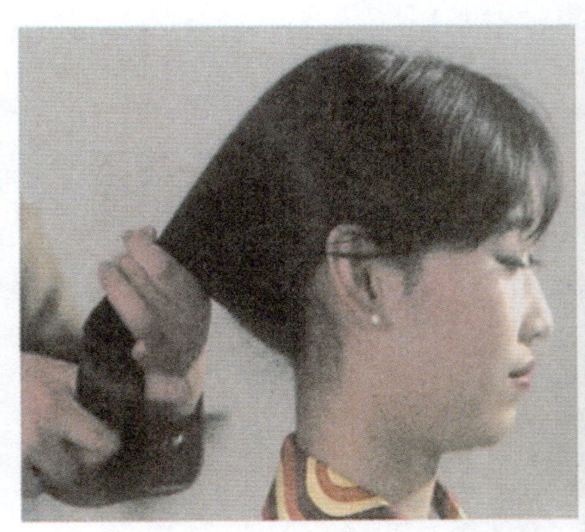
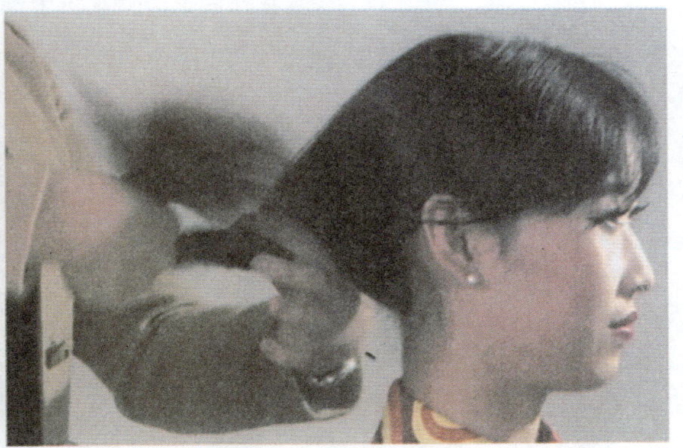

图 3-7　逆时针旋转头发

(3) 向右转并向上提拉头发，左手手掌同时向上推最外层的头发，如图 3-8 所示。

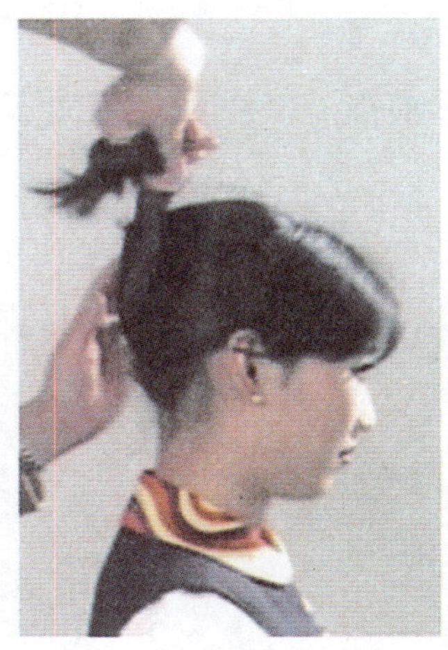

图 3-8　向右转并向上提拉头发

(4) 末尾部分折回，藏在发束中，平行插入多个 U 型夹进行固定，如图 3-9 所示。

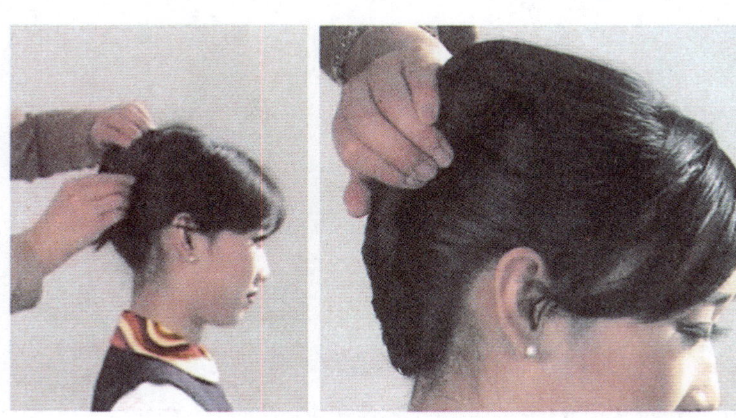

图 3-9　末尾碎发藏在发束中并用 U 型卡子固定

(5) 前面头发用发胶喷雾定型，如图 3-10 所示。

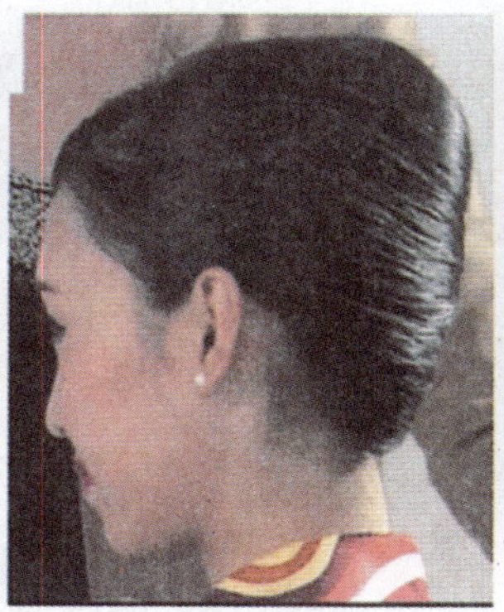

图 3-10　前面头发用发胶喷雾定型

（二）短发

短发——要前不遮眉、侧不遮耳、后不遮领、整齐梳理。可选择烫发或直发，但是不可留怪异发型、染成彩色或漂染带有个性标志的发型。短发如图 3-11 所示。

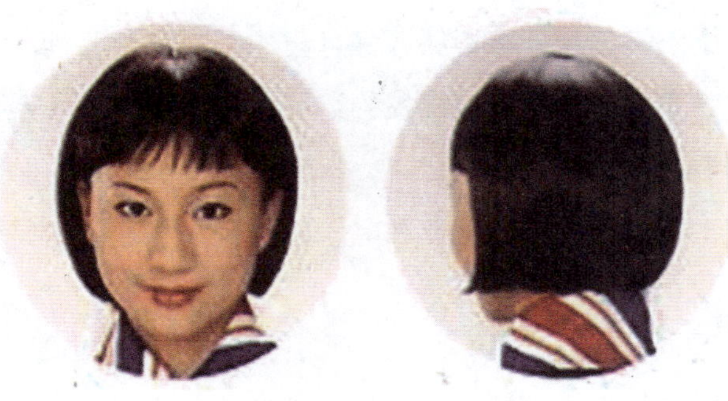

图 3-11 女乘务员的标准短发

二、男乘务员的发型

男乘务员标准发型要求：前不遮眉、侧不遮耳、后不触领，不留鬓角、不剃光头、不染异色、不烫发、不留怪异发型、不追求时髦，要求干净整洁、端庄大方，如图 3-12 所示。

图 3-12 男乘务员的标准发型

三、操作练习

以乘务组为单位，各组进行练习，直到熟练掌握。

练习题

1. 为什么说乘务员在飞行期间长发需要盘起？
2. 乘务员的长发有几种盘起的方法？
3. 女乘务员短发梳理的标准是什么？

第二节　制　　服

根据航空公司对制服管理的规定，制服的一系列物品及佩件只允许员工本人使用，为了安全起见，员工们无论何时何地，都要保管好自己的制服及相关物品，任何情况下都不可将制服系列物品外借、赠予或转卖给未经授权的组织。确保制服等一系列物品处在一个良好的保存条件下，保持其整洁度。在公众场合下，不允许把个人便装与制服的饰物或其部分一起混穿。下面介绍如何正确穿戴航空制服及饰品，作为行为准则，这些是应共同遵守的。

一、乘务员的制服

是指公司统一制作配发的工作制服，分为男女式冬装，男女式夏装和春秋装。

（一）女乘务员的制服

(1) 春秋装：长袖衬衫、马甲、制服外套、裙子、长筒丝袜、单皮鞋。

(2) 夏装：短袖衬衫、马甲、裙子、长筒丝袜、单皮鞋。

(3) 冬装：风衣、羊绒大衣、靴子、长筒毛袜、长袖衬衫、马甲、制服外套、裙子和裤子。

(4) 与制服配套的有：丝巾、帽子、围裙、手套。

（二）男乘务员的制服

(1) 春秋装：长袖衬衫、马甲、制服外套、裤子、深色袜子、单皮鞋。

(2) 夏装：短袖衬衫、马甲、裤子、深色袜子、单皮鞋。

(3) 冬装：风衣、羊绒大衣、皮靴、长袖衬衫、马甲、制服外套、裤子。

(4) 与制服配套的有：帽子、领带、肩章、手套。

二、规范着装

（一）女乘务员

(1) 工作期间须穿制服，要始终保持制服的干净整洁、挺括、尺寸合体、没有破损、没有污迹、纽扣齐全。

(2) 穿制服的要求：衬衣下摆系在裙服腰内，外套、马甲纽扣扣齐。

(3) 长筒袜：统一穿航空公司发放色系的长筒袜子，确保无破损。

(4) 皮鞋：干净光亮、无破损，通过候机楼大厅直到飞机起飞前穿高跟皮鞋，平飞后穿平跟皮鞋。

(5) 风衣、大衣：穿戴时，必须纽扣扣齐、腰带系好。

(6) 帽子：帽子与制服配套，戴在眉毛上方 1~2 指位。

(7) 围裙：保持干净整洁、无褶皱，空中供餐饮时佩穿。

女乘务员的规范着装如图 3-13 所示。

图 3-13　女乘务员的规范着装

(二) 男乘务员

(1) 制服要始终保持干净整洁、挺括、尺寸合体、没有破损、没有污迹、纽扣齐全。

(2) 穿制服的要求：衬衣不可袒胸露背，衬衣下摆系在裤腰内，外套、马甲保持挺括，扣好纽扣。

(3) 裤子：干净平整、没有污迹破损，不可挽裤脚。

(4) 领带、肩章：正确佩戴，保持干净、挺括。

(5) 袜子：统一穿航空公司发放的单一色系，无破损、无异味。

(6) 皮鞋：干净、光亮、无破损、无异味。

(7) 风衣、大衣：穿戴时必须系好纽扣。

(8) 帽子：航徽端正，佩戴端正。

男乘务员的规范着装如图 3-14 所示。

图 3-14　男乘务员的规范着装

三、清洗、打理、维护制服尊严

(1) 无论在何时何地，都自觉维护制服的尊严，自律自己的行为。

(2) 始终保持制服干净整洁、挺括、没有异味、没有污迹、袜子没有破损。

(3) 定期清洗、熨平、不可褶皱，围裙没有污迹，皮鞋光亮。

(4) 冬夏装不可混搭，按规定着装，不可把个人衣服和职业装混搭或替代穿着。

(5) 不能穿着制服出席与航空无关的场合或其他公共场合。

(6) 不能借制服之便搞一些欺诈的行为。

(7) 在候机楼，不能穿裙子奔跑。

练习题

1. 航空公司对制服管理有哪些规定?
2. 女乘务员穿制服时有哪些规范要求?
3. 穿长筒丝袜时应遵守哪些规定?
4. 穿大衣、风衣时应注意哪些事项?
5. 乘务员应在什么时间段穿戴围裙?
6. 如何正确佩戴乘务员帽子?
7. 对男乘务员穿着制服有哪些具体的规定?
8. 对男乘务员穿皮鞋和袜子有哪些规定?
9. 对男乘务员佩戴领带、肩章有哪些要求?
10. 如何维护航空制服的尊严?

第三节　其 他 用 品

(1) 人们对空姐的印象是从进入机舱的那一刻开始的，空姐的颔首、笑容、服饰能给人留下深刻的印象，哪怕一个小小的服务牌、一条丝巾、一条领带，都浓浓地体现出航空公司企业文化的元素。乘务员的其他用品如图 3-15 所示。

(2) 丝巾是航空制服的一部分，具有极强的装饰作用，从设计到搭配，能获得不同的反响和效应，是航空公司形象设计中的亮点，从视觉上能给人带来飘逸和优雅的感觉。不同的航空公司在设计理念上、选材上及色彩上各具特色，但最终目的都是一样的。可以根据自己的脸型，以与制服和谐、美观大方为目标，选择公司规定范围内的几种系法。下面具体介绍几款丝巾的系法，如图 3-16 所示。

图 3-15　乘务员的其他用品

图 3-16　乘务员的几种丝巾系法

一、丝巾

丝巾的规范系法如下。

1. 平结（方巾结）

(1) 将丝巾对角折叠，再折叠，如图 3-17 所示。

图 3-17　折叠丝巾

(2) 将丝巾戴在脖子上，丝巾两端交叉，如图 3-18 所示。

图 3-18　丝巾两端交叉

(3) 将上面一端穿过另一端，再系上一个结，如图 3-19 所示。

图 3-19　系上一个结

(4) 整理丝巾两端，使之形成两角对等，放置在颈部右侧，丝巾角一端置前、一端置后，如图 3-20 所示。

图 3-20　一端置前、一端置后

2. 扇形

(1) 将方形丝巾放平，像扇子一样正反面折叠到尾，如图 3-21 所示。

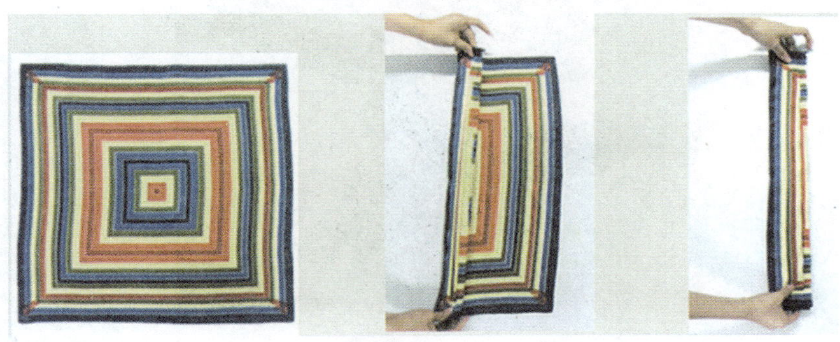

图 3-21　正反面折叠到尾

(2) 将折叠好的丝巾穿入丝巾扣，固定好位置，转到颈部右侧。

(3) 整理丝巾，依次展开，使之呈现出扇形，如图 3-22 所示。

图 3-22　扇形

3. 玫瑰花

(1) 将方形丝对角边系一个结，如图 3-23 所示。

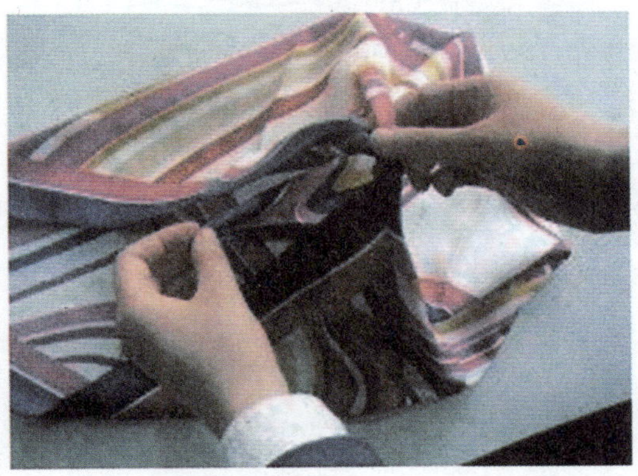

图 3-23　对角边系一个结

(2) 拿住另外两个丝巾角，从系好的结下方交叉穿过，如图 3-24 所示。

图 3-24　交叉穿过

(3) 拉住两头轻轻甩动，直到丝巾出现玫瑰花造型，如图 3-25 所示。

图 3-25　甩动后的玫瑰花造型

(4) 稍加整理图案，将两端系在颈部的左侧，如图 3-26 所示。

图 3-26　将两端系在颈部的左侧

二、男乘务员的领带

领带是男性饰物中最具有男子汉气概的饰物，是男性身上唯一可以变换色彩的饰物。在工作场合，领带是男性制服的灵魂，穿西装不系领带往往会使制服黯然失色。因而，学会系好领带，是男乘务员必须做好的功课。

男乘务员在工作期间，必须使用公司统一配发的领带。领带扎系要规范，系好后，领带的大箭头与皮带扣之间对齐。工作期间不得将衬衫衣领口松开。

下面介绍领带的三种系法。

(1) 平结：如图 3-27 所示。

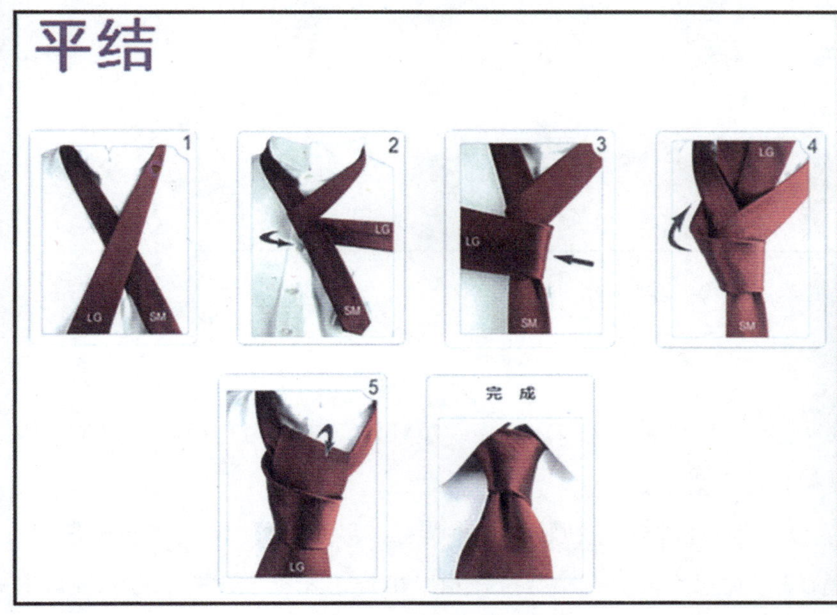

图 3-27　平结

(2) 半温莎结：如图 3-28 所示。

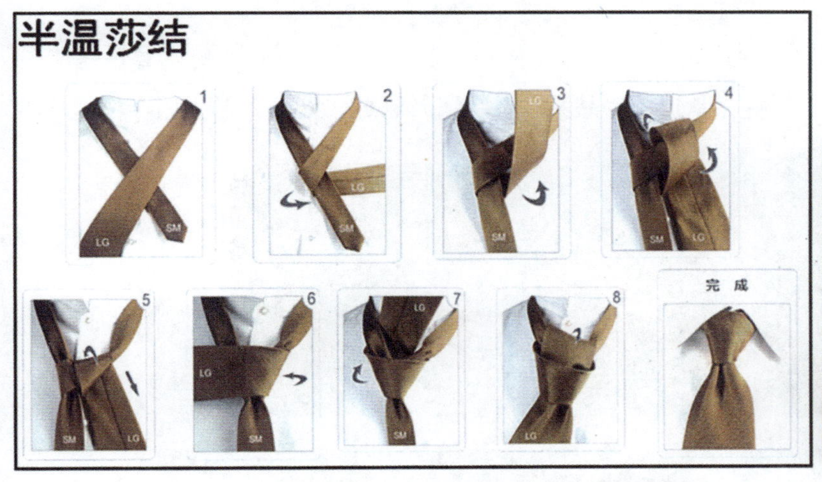

图 3-28　半温莎结

(3) 温莎结：如图 3-29 所示。

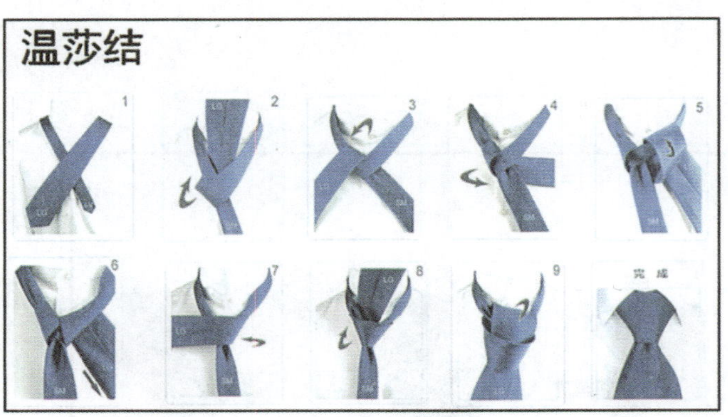

图 3-29　温莎结

三、飞行衣箱

航空公司对飞行人员出差期间携带的衣箱、衣袋、拉杆箱、背包均有相应的规定，依据飞行距离、航线的需要做出以下规定。

(1) 当天往返的航班：女乘务员携带小型拉杆箱和小背包，男乘务员携带一部拉杆箱。

(2) 三天以内往返的航班：女乘务员携带小型拉杆箱、小背包和一个衣袋，男乘务员携带一部拉杆箱和一个衣袋。

(3) 三天以上往返的航班：女乘务员携带衣箱、小背包和一个衣袋，男乘务员携带一部衣箱和一个衣袋。

要求背包、衣袋、衣箱上可以插入个人名片及联系方式，但是不能粘贴或悬挂其他带有个性的饰物，如粘贴卡通图片、悬挂小饰品等。机组飞行箱和包如图 3-30 所示。

图 3-30　机组飞行箱和包

四、登机证件

(1) 登机牌是中国民航局颁发的现行有效的航空人员证件，在执行任务时，必须携带此证件进入候机楼大厅、上飞机。该证件适用于全球各大国际机场。

(2) 登机牌仅限个人使用，不可借他人使用，应妥善保管，不可丢失，一旦出现问题，应立即报告有关部门。

(3) 未经公司许可，不得携带此证件参加其他公司或机构的与航空无关的活动。

(4) 登机牌在通行使用期间，应主动出示并接受有关部门的检查。

(5) 穿制服时，登机牌挂在衣领外部；穿大衣时挂在大衣领子外侧。

(6) 登机牌上的姓名信息不能随意涂改或删除。

(7) 登机牌统一使用航空公司配发的带有航空公司标识的带子，登机牌正面朝外，自然下垂。登机牌的正确佩戴方式如图 3-31 所示。

图 3-31　登机牌的正确佩戴方式

五、服务牌

乘务员胸前的服务牌上嵌有航徽、乘务员中文和英文拼写的姓名，要求出差时必须佩戴。佩戴服务牌的作用，既体现了行业的规范管理，又体现了有诚意接受社会公众的监督和检查。

(一) 女乘务员佩戴服务牌的规范

(1) 穿制服外衣时，服务牌佩戴在胸前左侧上方。

(2) 穿马甲时，服务牌佩戴在胸前左侧口袋上沿中间处。

(3) 穿围裙时，服务牌佩戴在胸前左侧裙带与裙身交接的地方。

女服务员佩戴服务牌的方式如图 3-32 所示。

图 3-32 女乘务员佩戴服务牌的方式

（二）男乘务员佩戴服务牌的规范

(1) 穿制服外衣时，服务牌佩戴在胸前左侧上方口袋上沿中间处。

(2) 穿马甲或衬衫时，服务牌佩戴在胸前左侧上方口袋上沿中间处。

男乘务员佩戴服务牌的方式如图 3-33 所示。

图 3-33 男乘务员佩戴服务牌的方式

注意事项：服务牌通常戴在身体左侧，但是国航外套制服左侧开口，为了美观，其服务牌要求佩戴在胸前右侧的上方。

练习题

1. 女乘务员的丝巾有几种系法？
2. 男乘务员的领带有几种系法？
3. 航空公司对机组人员使用的衣箱、背包、衣袋有哪些规定？
4. 机组人员登机牌的作用是什么？
5. 佩戴登机牌有哪些规定和礼仪要求？
6. 乘务员的服务牌应如何佩戴？

第四节 饰品佩戴

一、手表

(1) 依据民航总局《公共航空运输人运行合格审定规则 (CCAR-121-R2)》规定，每名空勤人员出差时，必须佩戴一块走时准确的手表，一旦发生应急情况时，全体机组人员必须按照机长的指令、按预定时间采取应急措施或紧急撤离。

(2) 男女手表款式要选择正规的，如图 3-34 所示。禁止佩戴超个性化、夸张时尚的或卡通式的手表。

图 3-34 手表规范

二、耳针

女乘务员在工作期间，允许佩戴一对货真价实，黄豆大小的耳钉或珍珠，如图 3-35 所示。不得佩戴任何悬挂、超出耳垂轮廓或多出一对的饰品。男乘务员耳部不得佩戴任何饰品。

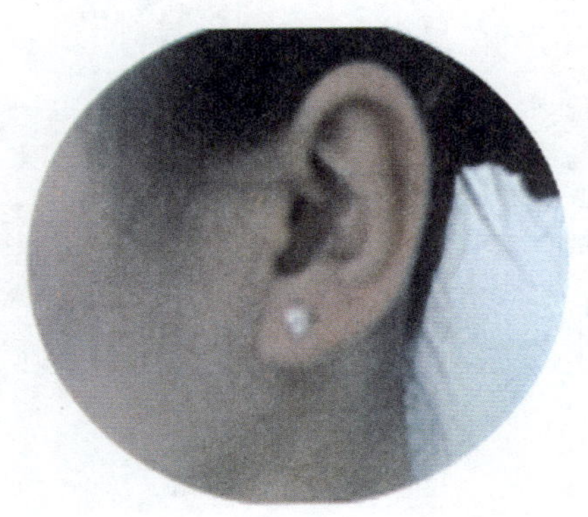

图 3-35 佩戴耳钉的规范

三、戒指

男女乘务员每人手部可以佩戴一枚货真价实、简洁精致的戒指，位于中指或无名指，如图 3-36 所示。

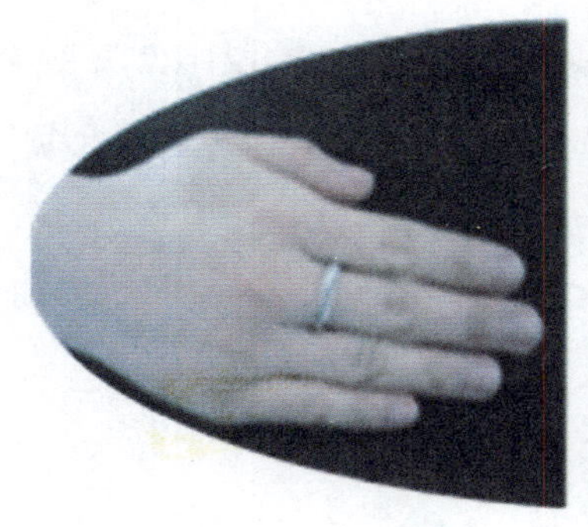
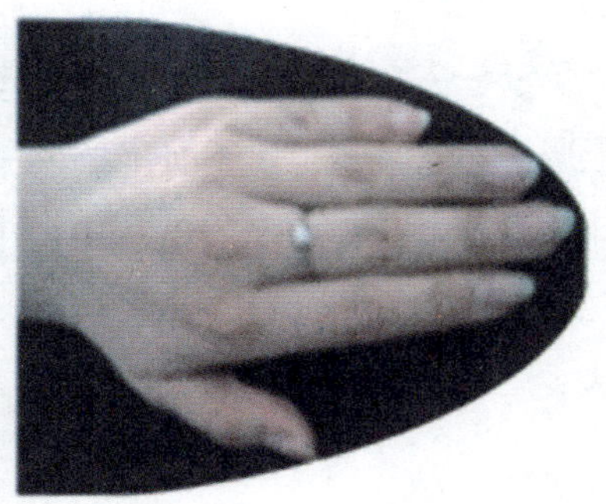

图 3-36　正确佩戴戒指

注意事项：男女乘务员出差期间不得佩戴手链、脚链、手镯、胸针。

四、指甲

女乘务员在工作期间，指甲不得涂抹银光色、怪异色或残缺不全的指甲油上飞机，如黑色、绿色、白色等，可选择肉色、淡粉色。男乘务员禁止涂抹指甲油。

注意：下列饰品在工作期间一律不允许佩戴，如图 3-37 所示。

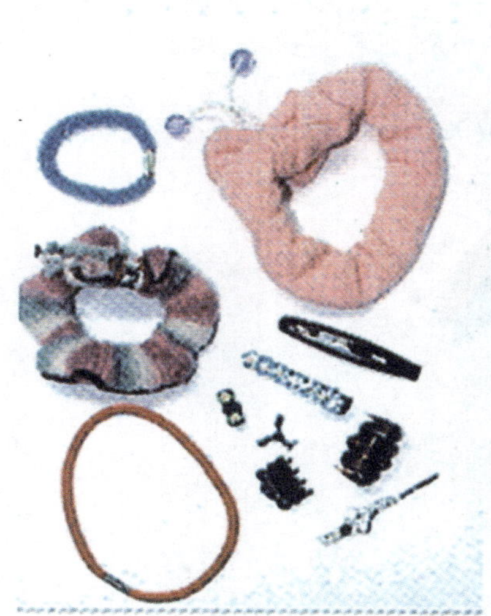

图 3-37　不允许佩戴

知识拓展

1. “空姐”一词的传说

空姐是“空中小姐”的简称，指的是航空飞机上为旅客提供服务的女性服务员，也叫作“航空乘务员”。

1930年6月的一天，在美国旧金山的一家医院内，波音航空公司驻旧金山董事史蒂夫•斯迁柏生和护士艾伦•丘奇小姐在聊天。闲谈中，史蒂夫说：“航班乘务工作十分繁忙，可是挑剔的乘客还是牢骚满腹，意见不断。”这时艾伦•丘奇突然插话说：“先生您为什么不雇佣一些女乘务员呢？姑娘的天性完全可以胜任“空中小姐”这个工作呀！”

“空中小姐”这一新鲜的名词使董事先生茅塞顿开。就在10天之后，艾伦•丘奇小姐与其他7名护士作为世界上第一批空中小姐走上了美国民航客机。空中小姐一词的兴起，印证了第一次世界大战后商业飞机的繁荣，而站在这一领域潮头的正是波音公司。

2. 中国空姐的风采

(1) 中国空姐的工作特点随着社会的进步带来了根本性的变化

① 20世纪70年代的空姐

首先要经受伊尔十四型、伊尔十八型、安24型等苏制螺旋桨发动机飞机晕机的考验。当第一次乘坐飞机，在2400米低空飞行时，气流变化多端，严重的气流变化会使人呕吐得找不着北，厉害的时候，几乎胃液苦胆都吐出来。除此之外，当时的空姐还承担另一项艰巨的任务，即每次飞行的前一天，都要到近40度高温的停机坪飞机上，像清洁工一样为飞机打扫卫生，换椅套，擦拭飞机壁板、小桌板、扶手，打扫厕所，扫地板，更换清洁袋，倒垃圾等，每一架飞机干下来都会汗流浃背，全身湿透。当时的空姐年龄仅17岁左右。

② 20世纪80年代的空姐

告别了螺旋桨式，飞上了喷气式飞机，乘客人数从48人增加到100多人。当时这100多人用餐，没有餐车，是由两名乘务员一起抬着沉重的大餐箱，从服务舱一份一份端出的，来回不停地传递，一餐开下来，乘务员几乎需要走好几里路。

③ 20世纪90年代的空姐

随着社会的发展，航空市场的激烈竞争，对空姐的服务要求越来越高。乘客不但需要舒适的机舱环境，同样需要高雅端庄、美丽大方的服务人员，以享受温馨的服务。这时，要求空姐要不断学习，提高个人修养，提升文化素质，至少要掌握一门外语，否则乘客会因为空姐的服务不周而提意见或表达不满。

④ 21 世纪的空姐

在彰显个性化的时代，空姐对乘客的服务，不但要高雅、高端、上档次，还要根据不同乘客的需求，学习乘客心理学，掌握服务技巧。随着航空业的不断发展，标准化、程序化、规范化的服务已经不能满足航空乘客的服务需求，各航空公司相继推出了人性化的服务标准：头等舱乘客的不定时服务、商务乘客无干扰的服务、初次乘坐飞机乘客的全程介绍服务、普通舱乘客的大众化服务、老年乘客的温馨服务、重要乘客的高端服务、航班不正常的信息沟通服务、旅行团的介绍服务等。个性化的服务需要用服务员的真诚去感动、用善解人意的语言去沟通、用实际行动去付出，来满足乘客的愿望。

(2) 中国空姐的服装同样随着航空公司发展光彩照人

在 1 万米高空沉闷而无趣的飞行途中，空姐得体的穿着、优雅的举止、甜美的音色，绝对是最抢眼的风景线。空中乘务人员穿着名师设计的制服（不少制服每套价值上万元），始终透露着行业的特质及耀眼夺目的魅力。下面让我们一起来了解一下这些制服背后的秘密，你就会明白空姐为何总是自信、诱人。

① 中国空姐制服的变迁

1947 年的空姐如图 3-38 所示。

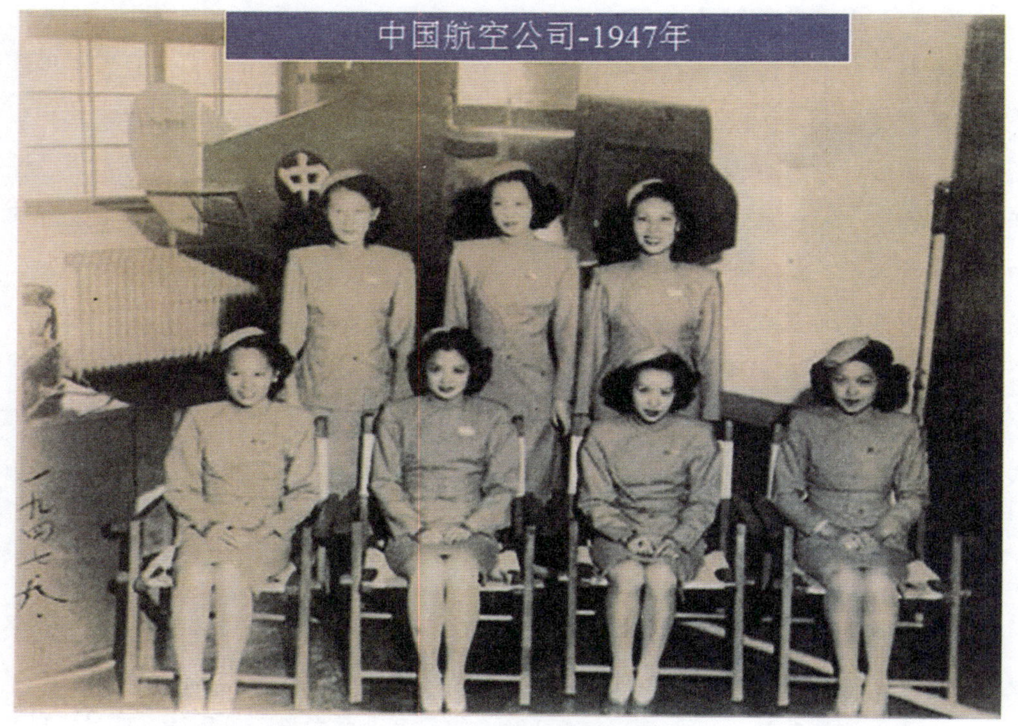

图 3-38　1947 年的空姐

30 年前，中国民航隶属空军。那时，中国空姐的服装无论在样式上还是在色彩上，都很朴实，但与国际上先进的航空公司相比，有很大的差距，如图 3-39、3-40、3-41 所示。

图 3-39 20 世纪 70 年代穿着军装的空姐们

图 3-40 20 世纪 70 年代的空姐服装

图 3-41　20 世纪 80 年代初期的空姐的服装

1988 年 7 月 1 日，中国国际航空公司在北京人民大会堂正式成立，空中小姐们换上了法国著名时装设计师皮尔卡丹设计的服装，中国空姐服装真正开始走上了国际化的道路，如图 3-42 所示。

图 3-42　1988 年法国著名时装设计师皮尔卡丹设计的服装

最高贵端庄：中国国航空姐

2003 年 1 月 1 日，国航空姐正式换上了法国著名时装设计师拉比杜斯设计的新服装。

在中国国际航空公司的制服设计中，乘务员的红、蓝套装，采用了被国际上称为“中国蓝和中国红”的明瓷中霁红与青花两种颜色作为主色，以甜白为搭配色，体现了东方女性之美，突出了国航新服装的民族化与国际化相结合的特点，如图 3-43 所示。

图 3-43　2003 年法国著名时装设计师拉比杜斯设计的新服装

② 中国其他航空公司空姐新制服欣赏

最傲艳：中国东方航空空姐

她们在国内航空公司中锥子脸比例最高，皮肤最白最细，脖子最长最挺。配上“亚洲最美”的深蓝色空姐制服、清新如绿茶的“雏菊”香水和最精致的妆容，笑起来都很甜美。如图 3-44 所示。

图 3-44　东方航空空姐

最接地气：中国南航空姐

2006 年，南航正式推出第四套空姐制服，据了解，每位空姐的整套“行头”高达近万元人民币。制服设计方案是从法国、日本、澳大利亚、我国香港地区和内地的 15 家设计单位的37份设计方案中挑选的，最后定下了法国著名服装设计师的设计方案。沿用至今的这第四代新制服，以“碧水红棉彩云南天”为主题，在设计上充分体现了“东方文化、国际接轨、南航特色”的品牌特点，如图3-45所示。

图3-45　南方航空空姐

最美笑容：海航空姐

海南航空的新制服，自曝光后，就引来了大众一片叫好声，相比先前海航标志性的海岛民族风制服，这套新装确实更能体现出海南航空的国际化进程，如图3-46所示。

图3-46　海南航空空姐

最有美感：深航空姐

2007年，深航乘务员换上了由法国著名时装公司设计的航空制服，为方便旅客识别乘务长和乘务员，制服外套分别有典雅稳重的蓝色和靓丽的红色两种。尤其值得称道的是，深航新制服还搭配有一个特别的装饰品，即有深航 Logo 的金色吊坠项链，如图 3-47 所示。

图 3-47　深圳航空空姐

最有活力：川航空姐

2008 年，川航空乘统一换上新款制服，每季有“玫瑰红”和“宝石蓝”套装各一款。两款套装款式一致，上衣与下装可交叉搭配穿着，从而通过颜色变换搭配出四款不同的服装，打破了空姐服装单一主色的用色传统。而款式上，则结合东方人脸型柔和的特点，采用修长的“汉服”青果领和偏襟设计，腰节增加了华丽的进口油丁蝴蝶结，起到了“点睛”的作用。如图 3-48 所示。

图 3-48　四川航空空姐

最浪漫：厦航空姐

厦航空乘制服经过了岁月的洗礼，与日益发展壮大的厦航一道，不断创新，带给旅客全新的视觉感受。厦航的新制服将复古元素与现代简约时尚进行了完美的融合，勾勒出了更加高雅、自信、干练的空乘形象。如图 3-49 所示。

图 3-49　厦门航空空姐

最萌：春秋空姐

不是只有女仆咖啡厅才能满足宅男的需求，廉价的航空也可以。空姐制服从性感演变到端庄，从时尚大牌演变到休闲随性，直到她们这里，才终于走上了“萌系”的路线，让亚文化审美元素也飞上了云端。如图 3-50 所示。

图 3-50　春秋航空空姐

最健美：澳门空姐

澳门空姐制服的基本色调仍然采用与澳门航空股份有限公司的Logo相匹配的红蓝两色，采用三件套裙服，配红色腰带、丝质颈巾。乘务长制服为全身蓝色，乘务员制服为上红、下蓝，冬季所着的外套均为蓝色。红蓝白三色相间的颈巾亦与澳门航空Logo的基本色相匹配。如图3-51所示。

图3-51 中国澳门空姐

最嗲：中华航空

中华航空公司的全新制服设计以贴近“时尚”，兼顾“传统”，展现文化品位，延伸企业精神与公司形象为目标。如图3-52所示。

图3-52 中国台湾的中华航空空姐

最温婉：国泰空姐

国泰航空公司经过新制服设计，在剪裁上进行了修改，比以前更修身，更突出空姐的身形、职业气质和美丽。如图 3-53 所示。

图 3-53　中国香港的国泰空姐

3. 世界空姐风采

(1) 各国在空姐服装回顾点评

如今民航已经迎来了自己的黄金时代，中国现代空姐的风采已经让我们目不暇接。但世界近代历史上的空姐风采同样都是美丽动人的。让我们随着这些老照片、新照片，穿越不同的年代，一睹空中佳人们的美丽风采。

回到 50 年前，那昂贵的机票费用只有上层精英人士才能承受。而作为飞机上的服务者，由于服务对象的特殊性，空姐们自身必须足够优秀，才能经得起乘客们极端挑剔的眼光。

优雅、美丽、温柔、阳光、健康……这些都变成了她们的代名词。而空姐制服也成为时装风格的一种，时尚设计师从中汲取灵感，再造新鲜潮流。

20 世纪 70 年代，美国西南航空公司的座右铭就是“性感才是最卖座的”，空姐们的穿着也相当符合这个座右铭，是众所周知的“爱的航班”。这般开放的制服，如今看来也是很时髦的。如图 3-54 所示。

图 3-54 20 世纪 70 年代美国西南航空公司的空姐

泛美航空空姐的潮流服装如图 3-55、3-56、3-57 所示。

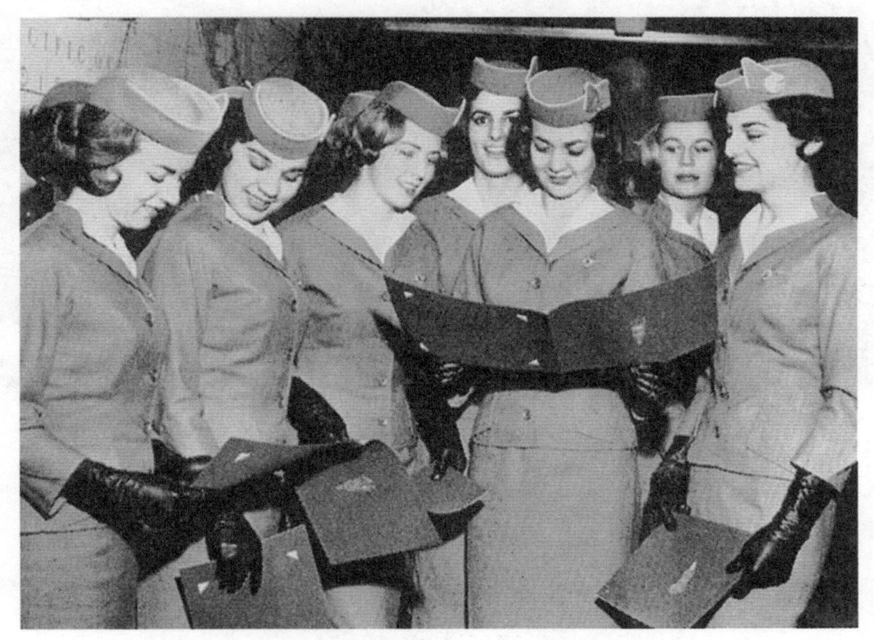

图 3-55 1959 年泛美航空的空姐

图 3-56　1956 年一队空姐坐在波音公司的模型“飞机里”做展示

图 3-57　美国泛美航空公司的空姐

后来，美国达美航空公司 (Delta Air Lines Inc.) 在上海举行了员工制服发布会，首次向公众全面展示了实现合并后的达美航空的统一制服。

美西北航空和泛美合并后的所有乘务员、飞行员、机场客服等服务人员将统一穿着标有达美品牌标识的制服，为客户提供服务。这也是两大航空公司合并以来又一项重要的整合。如图 3-58 所示。

图 3-58 21 世纪实现合并后的达美航空统一制服首次亮相

英国空姐

英国欧洲航空公司(B • E • A)主席的妻子道格拉斯女士说服了她的丈夫，让他允许将公司 700 个“飞行女孩”的裙子剪短 3 英寸，但有些女孩拒绝这样做。也正是因为这样，公司被荷兰皇家航空公司的短裙子女孩们打败了。1961 年，英国海外航空的空姐们正在走向摄影师，青春洋溢。如图 3-59 所示。

图 3-59 英国空姐

最没存在感的空姐：英国航空公司

身为全球最古老的航空公司之一，倡导着最先进的“21世纪航空旅行”理念，英航空姐成了一个尴尬的存在——因为空少和机长太抢眼了。别人晒空姐，他们晒大叔；别家比性感，他们负责卖萌，清一色的萌大叔绝对“超越你的期待”（英航广告语）。如图3-60所示。

图3-60　21世纪的英国不列颠空姐

德国汉莎空姐

这是德国汉莎航空1938年至1979年的空姐制服。德国汉莎航空公司的空中小姐们正在登机口展示自己的美丽风采，如图3-61所示。

图3-61　20世纪60年代德国汉莎航空公司的空姐

最有幽默感空姐：汉莎航空公司

谁说日耳曼人缺乏幽默感？默克尔号召德国人学习幽默感，汉莎航空就是优等生。放松下来的汉莎空姐，可以很酷，也可以很幽默。如图 3-62 所示。

图 3-62 21 世纪的汉莎空姐

最具欧洲风情的空姐：法国航空

法国的空姐个个精致优雅，拥有浓浓的法式风情，从举手投足之间流露出来。法国空乘服装以深色系为主，其中深蓝色是最为经典的“法航色”，给人一种专业和很精致的印象。如图 3-63 所示。

图 3-63 21 世纪的法国航空空姐

最具皇家范儿空姐：荷兰皇家航空

荷航的“皇家”头衔早在它诞生前就被赐予，80 多年后的今天，荷航成了还在以原名运作的世界最古老航空公司，而它的皇家范儿，至少在空姐身上，一点儿未减：深蓝色一字领连身裙配大红色腰带，可以直接穿去觐见国王；蓝色立领套装配裹精致丝巾，绝无扎蝴蝶结的小家子气。挽个发髻的金发空姐，个个都有礼有节，笑容到位。如图 3-64 所示。

图 3-64　荷兰航空 24 岁空姐

俄罗斯空姐

20 世纪 60 年代，俄罗斯航空公司的空中小姐，军事化色彩依然挡不住这些美女们的柔美与优雅。如图 3-65 所示。

图 3-65　20 世纪 60 年代的俄罗斯空姐

大气的 21 世纪俄罗斯空姐

迷人的蓝色眼睛和金色头发，配上好身材，实在是很迷人。如图 3-66 所示。

图 3-66　21 世纪的俄罗斯空姐

芬兰空姐

如图 3-67 所示，这张照片拍摄于 1961 年，芬兰航空公司的空姐，像选美皇后一样被选中，该名空姐正在飞机前张开手臂，做起飞的样子。21 世纪的芬兰空姐如图 3-68 所示。

图 3-67　1961 年的芬兰空姐

图 3-68　21 世纪的芬兰空姐

加拿大空姐

加拿大空姐以素雅端庄、美丽为主要风格，如图 3-69 所示。

图 3-69　21 世纪的加拿大空姐

意大利空姐

意大利空姐的制服，在色彩搭配上大胆、果敢，表现出与众不同的风格。如图 3-70 所示。

图 3-70　21 世纪的意大利空姐

澳大利亚空姐

从 1964 年到 1969 年，澳洲航空公司空姐的制服选择始终处于摇摆不定的状态。20 世纪 60 年代采用更加“多姿多彩”的方式。如图 3-71 所示。

图 3-71　20 世纪 60 年代澳洲航空公司的空姐

近日，澳州航空推出的超贴身空姐制服，显现女性姣好的身材、性感的 S 曲线，让空姐大喊“吃不消”，但已成为万众瞩目的焦点。如图 3-72 所示。

图 3-72　21 世纪的澳大利亚空姐

阿富汗空姐

沉稳的阿富汗空姐：蓝色的搭配是一个内陆国家对海洋的向往。空姐又穿行于蓝天和白云之间，独特的身份角色注定了她们钟爱的服饰需要蓝色作为支撑。纱巾，小帽，长裙，这就是渴望安定的沉稳装扮的阿富汗空姐。如图 3-73 所示。

图 3-73　21 世纪的阿富汗空姐

最具中东风情的空姐：阿联酋航空

作为阿拉伯半岛最老牌的国际航空公司，阿航向世界展示了最摩登的中东，阿航的空姐用全球最红的嘴唇展示了中东风情最兼容并蓄的一面：不管你来自哪里，肤色如何，只要涂上红嘴唇、挂上白面纱，都能成为中东的一部分。如图 3-74 所示。

图 3-74　21 世纪的阿拉伯空姐

肯尼亚空姐

肯尼亚空姐的制服富有民族色彩，有地方特色的图案，搭配黑色的肌肤，展现着独特的文化，很随意，不死板。如图 3-75 所示。

图 3-75　21 世纪的肯尼亚空姐

最身手不凡的空姐：以色列航空

她们可以“很女神”。以色列空姐常在世界空姐美貌程度排名中夺魁。她们也可以很勇敢。每一个优雅美丽的空姐都服过兵役、受过强化训练。

以色列是世界惟一对妇女实行义务兵役制的国家。以航被视为世界上最安全的航空公司，那些可以随时变身女战士的空姐们功不可没。如图 3-76 所示。

图 3-76　21 世纪的以色列空姐

(2) 21 世纪亚洲国际空姐制服绣

根据各航空公司空姐的不同气质，制服设计正是依靠不同设计理念、风格、款式及配色来体现的，制服成为各航空公司一张美丽的名片。

最美丽容貌的空姐：大韩航空

一向尊重服饰质感剪裁的韩国，将其特色渗透在航空小姐的制服上。别致的制服和独特的系扣丝巾搭配在一起，严谨且不单调，更显标致。收起的头发清新整洁，倍增亲切感。如图 3-77、3-88 所示。

图 3-77　21 世纪韩国大韩航空公司的空姐

图 3-78　21 世纪韩国韩亚航空公司的空姐

传统的朝鲜空姐

朝鲜一向喜欢强调自己国家的传统，看重自己的历史文化。航空小姐的服饰自然也不例外。传统服装的上下比例以及黑白两色的对比，展现了传统女性的风情。如图 3-79 所示。

图 3-79　21 世纪的朝鲜空姐

最职业化的空姐

日本的全日空航空空姐制服，小西服搭配白衬衫，一款素雅的丝巾系在颈间，整套制服自然大方，职业气质凸显。如图 3-80 所示。

图 3-80　21 世纪的全日空空姐

泰国空姐

紫色的座椅，紫色的毛毯，紫色的空乘制服，衬着紫红色的兰花，让人看着和谐又安心。从空乘人员的制服、机舱内的装饰及热情的服务，都能感受到源自泰国皇家的贴心体验。如图 3-81 所示。

图 3-81　21 世纪的泰国空姐

最具亚洲风情的空姐：新加坡航空

民族特色的服饰透露着热带风情，这是新加坡人独有的热情与奔放，也是空姐们钟爱的装扮。如图 3-82 所示。

图 3-82　21 世纪的新加坡空姐

越南空姐

穿着传统服饰奥黛的越南航空空姐别具风情！如图 3-83 所示。

图 3-83　21 世纪的越南空姐

印度空姐

印度的空姐制服也有其民族服饰特征，鲜艳的色彩让飞机上也充满浓浓的印度风情。如图 3-84 所示。

图 3-84　21 世纪的印度空姐

马来西亚航空空姐

最具服务意识航空公司，连续赢得全球最佳客舱服务的声誉；以“为商业人士安排无缝旅行”为诉求，她们是你飞行中的私家秘书，为乘客精心打造包括传真机、卫星电话和打印机的移动办公中心。她们很有精细精神，时刻准备着细致周到地服务。如图 3-85 所示。

图 3-85　21 世纪的马来西亚空姐

印尼空姐

印度尼西亚是一个千岛之国，在空姐的脸上，各个洋溢着激情与奔放。如图 3-86 所示。

图 3-86　21 世纪的印尼空姐

练习题

1. 航空公司对机组人员佩戴的手表都有哪些规定？
2. 对佩戴耳部饰品有哪些具体的要求？
3. 航空公司对乘务员佩戴戒指、项链和禁带饰品分别有哪些规定？

第四章

乘务员的姿态

有人说，当今的市场经济是“眼球经济”，谁能把人们的目光吸引过去，谁就能取胜。或者说，当今的市场经济是“形象经济”，只有好的形象，才能持久、有力地把人们的目光吸引过去。

“空姐”已成为世界公认的高级职业，气质高雅、举止端庄、美丽大方已成为这个职业的象征，世界上许多服务行业都在向“空姐”看齐。

因此，乘务员的每一个细节，举手投足、站立坐行，都关系到公众对这个职业的看法。“空姐”应保持优良传统，努力学习、刻苦训练，提高个人素养，努力成为一名合格的乘务员。

第一节　航前礼仪

“准备会”是乘务员执行飞行任务前的第一项工作，由乘务长负责组织召开会议。准备内容包括航班号、航线、飞行时间、业务通告、分工、应急设备、准备空防预案、应急预案，检查有效证件和仪容仪表等项工作。

准备会的礼仪是乘务员客舱服务礼仪的最初阶段，从走进客舱部大楼那一刻起，就意味着工作即将开始。要求全体乘务员要用职业礼仪、职业形象、职业的精神面貌，全身心地投入到工作中。

一、准备会

1. 主动相互问候

(1) 见到乘务长和乘务员主动问好，年轻人要主动向 CF(主任乘务长)、PS(乘务长) 及资历老的乘务员打招呼。

(2) 主动向乘务组成员做自我介绍。

准备会的环境和场景如图 4-1 所示。

图 4-1　准备会的环境和场景

2. 摆放物品

(1) 个人飞行箱、衣袋按照乘务员守则要求，有序地摆放整齐。

(2) 个人小背包统一摆放在自己的腿上，手中拿着笔和本，倾听乘务长下达任务及宣布有关的注意事项并适当地做记录。

(3) 工作帽整齐地摆放在会议桌上。

(4) 登记证规范地挂在胸前。

衣箱摆放整齐，如图 4-2 所示；不要放在行人过道或出口处，妨碍他人通行。

图 4-2　衣箱摆放整齐，出差证件带齐

二、乘坐机组车

准备会结束后，全体机组人员需要乘坐专车驶向候机楼，在乘坐机组车时，需要注意的礼仪如下 (见图 4-3)。

(1) 问候礼仪

上车时礼貌待人，主动打招呼，问候机长，问候机组的其他成员。

(2) 乘车礼仪

先上车的乘务员从后向前依次就座，把前面的座位让给后来的机组人员，并将自己的衣箱按顺序摆放整齐。

(3) 下车礼仪

机长先行，乘务员互相协助提拿行李。

图 4-3　上下机组车

三、进入候机楼

乘务员走进候机楼的一瞬间将会成为众人瞩目的焦点，在众人的目光下，空姐美丽、端庄、大方的外表和优雅、从容而自信的仪态将展现得淋漓尽致，会给人们留下美好的印象。

（一）基本要求

(1) 女乘务员左肩挎包，左手扶握住包带下端，右手拉箱（见图 4-4）；男乘务员左手提包，右手拉箱。

(2) 通过候机楼时，纵队前行，步伐适中，精神饱满、队形整齐。

(3) 当遇到他人问询时，应放慢脚步，面带微笑，耐心友好地回答乘客的问询。严禁在行进中勾肩搭背、吃东西、打手机或高声喧哗。

图 4-4　机组列队进入候机楼大厅

（二）仪态训练

1. 女乘务员规范走路姿态

(1) 头部身体正确姿态的训练

头正颈直，目光保持平视，不可东张西望。表情自然，略收下颚，行走时挺胸收腹，身体保持平稳，略微前倾。

(2) 手臂姿态的训练

左肩背着小包，手扶在背包带上，右手拉着飞行箱。

(3) 步伐速度的训练

通过候机楼时，自然地排成一路纵队，走时双脚的内侧在一条线上，步履要稳健而轻盈，脚步不宜过大、过急，要与自己的身高成正比，不要随意甩动飞行箱或摆出一副懒散的走姿，要走出和谐的韵律感，走出航空公司空中乘务人员的自豪感和美感。

2. 男乘务员的规范走路姿态

(1) 头部正确姿态的训练

头部的正确姿态与女乘务员的相同。

(2) 手臂姿态的训练

右手拉着飞行箱，左臂自然下垂，和谐摆动。

(3) 步伐速度训练

步伐不要过大、过急，应与自己身高成正比，不要随意甩动飞行箱。

通过候机楼时，行走中不能把手插在兜里，要求走出男性的自信、坚定和阳刚之美。如图 4-5 所示。

图 4-5　机组行走

四、进入安检区

有秩序地排队，主动将自己的行李放置在传送带上，接受安全检查。不能有任何抵触、反感的行为举止，哪怕是一个不礼貌的目光，都将损害个人形象和航空公司的整体形象。

五、乘坐步行梯

(1) 自觉靠右侧站立 (见图 4-6)，留出左侧通道，方便要快速通过的乘客。

(2) 安静地等待步行梯自动行驶，不得嬉笑打闹和做出有损职业形象的举止。

(3) 个人飞行箱要摆放在身体的后面或右侧。

图 4-6 进入步行梯时靠右站

(4) 机组人员需要乘坐升降梯或摆渡小火车时，应当主动协助同行人开 / 关电梯门和拿衣箱、行李。

(5) 当与乘客同坐一部电梯时，应保持人与人之间的安全距离，不要过于贴近。应把方便让给客人。

六、候机楼待机礼仪

由于天气原因或机器故障等原因，航班延误会时有发生，这时乘务员需要在候机楼大厅休息等候。当空姐整体在候机楼集体亮相时，会成为众目睽睽的焦点，在此期间，举止端庄、优雅是向公众展示良好职业形象的机会。通过学习和模拟训练，能够熟练地掌握乘务员在候机楼待机状态下的言行举止及坐姿仪态。

（一）基本要求

(1) 机组集体的衣箱要依次摆放整齐。

(2) 仪态端正优雅，安静等待，不可嬉笑打闹。

(3) 禁止坐在窗台、柜台、台阶上，禁止有一切不符合专业化形象的行为举止。

(4) 禁止在大庭广众之下吃东西或嚼口香糖。

(5) 禁止在公众面前化妆、整理发型。

(6) 禁止翘起二郎腿。

(7) 禁止在禁烟区吸烟。

（二）仪态训练

女乘务员的规范坐姿训练如下。

(1) 头部端正，目光平视前方，表情自然。

(2) 上体挺拔，小腿与地面垂直，靠椅背深坐。

(3) 女乘务员两膝并拢，背包统一放在自己的双腿上，双手扶于小包上。如图 4-7 所示。

图 4-7　女乘务员的标准坐姿

练习题

1. 航前准备会上，应遵守哪些礼仪？
2. 个人衣箱物品应如何摆放？
3. 乘务员乘坐机组车时，应遵守哪些礼仪？
4. 乘务员下机组车时应注意什么？
5. 乘务员进入候机楼都有哪些行走礼仪？如何正确提拿背包、拉杆箱和衣袋？
6. 乘务员在候机楼行进时，有哪些禁止的行为？
7. 到达安检区时，乘务员应如何配合工作人员做好安检工作？
8. 机组人员乘坐候机楼的步行梯时，应遵守哪些礼仪？
9. 机组人员在候机楼待机时，个人背包应放置在何处？

第二节　起飞前的礼仪

乘务员站在机舱门口、客舱内迎送乘客，是代表航空公司、乘务组对乘坐本次航班的全体乘客表示礼仪上的欢迎或道别。

通过乘务员标准的站姿、耐心的引导、和蔼的目光、甜美的微笑、亲切的称呼、真诚的问候、谦诚的鞠躬，可以综合体现出乘务员的素质和修养，体现出航空公司对每位乘客的尊重与热情。通过严格的训练和培养，可以尽快掌握这些基本动作，懂得塑造乘务员职业形象的意义所在。

一、迎送站姿

乘客登机与乘务员初次见面的第一印象十分重要，它将决定后续工作的定位和乘客对这家航空公司的评价。应当牢牢把握乘客的心理，从第一印象开始做起，树立起良好的航空公司形象和个人的形象。

当听到乘务长广播通知，乘客准备登机时，全体乘务员应立即行动起来，用最快的速度检查个人的着装仪表仪容，各就各位，站在自己的岗位上等待乘客登机。

（一）基本要求

1. 自查仪容仪表

(1) 头发与发型

头发干净整齐、一丝不乱，发型庄重规范。

(2) 妆容

女乘务员面部洁净，口气清新，颈部、手部干净，指甲修剪得圆滑，皮肤细腻光润，化妆色彩与制服色泽和谐。

男乘务员面部洁净，口气清新，不留鬓角、胡茬，鼻毛不外露；颈部、手部干净，指甲修剪得圆滑。

(3) 制服

制服整洁、挺括、扣子齐全，制服以及鞋袜搭配规范，整体和谐美观。

2. 检查乘务员迎客的“站位”

乘务长和SS2号乘务员站在L1处，其他乘务员站在舱门内的指定位置，面对乘客呈45度角，恭候客人登机，如图4-8所示。

图4-8　标准的迎客站姿

（二）站姿训练

站立是人们生活、工作及交往中最基本的举止之一。正确的站姿应是站得“端正、挺拔、端庄、大气”。下面介绍民航乘务员的标准站姿。

1. 女乘务员的站立姿态

头正目平、面带笑容、微收下颚，肩平挺胸、直腰收腹、双手交叉、两肩自然下垂、双手放在腹前，两腿夹紧，脚跟相靠，脚尖展开呈 V 形，目光柔和明亮，正视来宾，精神饱满，神采奕奕，充分展示女乘务员的自信、谦恭、热情。

好客的迎客姿态，如图 4-9 所示。

图 4-9　站姿训练

2. 男乘务员的站立姿态

(1) 后握拳式

头正目平、面带笑容、微收下颚，肩平挺胸、身躯挺拔、双腿分开站立，脚尖与肩同宽，右手握住左手腕，置于身体后背。

(2) 前握拳式

头正目平、面带笑容、微收下颚，肩平挺胸、身躯挺拔、双腿分开站立，脚尖与肩同宽，右手握住左手腕，置于身体腹前。

(3) 垂臂式

双脚并拢，双手置于身体两侧，双臂自然下垂，贴于身体两侧，拇指内收，虎口向前，手指向下。目光有神，正视乘客，面带笑容，精神饱满，要充分展现男乘务员谦恭大方、热情好客的风采。

男乘务员的三种站姿如图 4-10 所示。

图 4-10　男乘务员的三种标准站姿

3. 训练方法

(1) 紧靠墙壁站立，要求脑后部、双肩、背部、臀部、脚跟贴紧墙面。

(2) 头上顶一本书，同时将右手放到腰与墙面之间，每次训练 5~10 分钟。

4. 交谈式站姿

在空中，如果与乘客站立交谈，可以将左脚或右脚交替向后撤一步，但上身仍然保持挺直，伸出的脚不可伸得太远，双脚不可叉开过大，双脚变换不可过于频繁。

反之，如果双腿随意乱抖动，无精打采，将手放进口袋，呈现自由散漫的状态，就会被人认为不雅，或者失礼。

此外还应注意，如果身体倚靠墙壁、柱子或者桌子，将会给人以懈怠、懒散的感觉。

女乘务员的标准交谈式站姿如图 4-11 所示。

图 4-11　女乘务员的标准交谈式站姿

二、微笑礼仪

微笑是一个很简单的动作，嘴唇微微牵动便可完成。在社会交往中，微笑是最经济的装饰品，几乎没有任何成本，却能获得别人的欣赏、喜欢。有时，它能够为我们的交往和工作锦上添花。然而，有时微笑却又十分珍贵，并非所有人都能轻松拥有。完美的微笑须发自内心，它会牵动眉宇、唇齿和面部肌肉，经由表情、语气和动作散发出来，容不得虚假和伪装。真正的微笑是要与心情契合的，乘务员需要带着一颗善良、豁达、感恩的心，诚恳地欢迎乘客搭乘班机。

乘务员必须学会微笑，如图 4-12 所示。不会微笑的乘务员不是合格的乘务员。

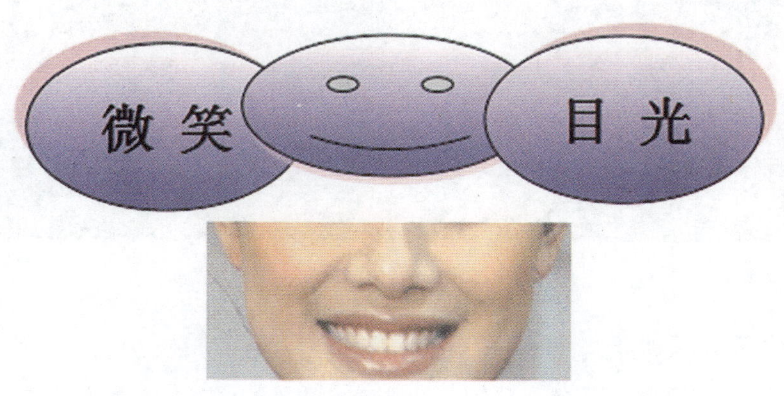

图 4-12　微笑

（一）基本要求

(1) 微笑要甜美，迎客时笑得美丽、自然大方、亲切友善。

(2) 微笑要适度，要有分寸，迎客时不可发出声音或毫无顾忌地张嘴大笑。

(3) 微笑要适时，注意对方和场合，要懂得善解人意。

(4) 微笑要诚恳，迎客时，要发自内心地感谢对方搭乘班机。

(5) 微笑要纯洁，没有丝毫混杂的念头，只是映衬着内心的心情，是最简单的动作。

(6) 微笑要温暖，要从目光中流露，从内心流露，富有感染力。

（二）微笑训练

1. 形体房微笑训练

(1) 面对镜子或两人面对面目光相视，调整好心境，从眼睛开始露出微笑，然后笑容慢慢延伸至整个脸部，使整个表情让人感觉轻松自然。

(2) 面对镜子，面部五官放松，然后开启嘴唇，嘴角向上，笑意自然从眼中流露。

(3) 可以口含筷子（见图 4-13），露出 8 颗牙齿，在优美的音乐声中放松心境，找到绽放的感觉。先从坚持 5 分钟开始练习，逐渐到 10 分钟、20 分钟至半小时。

图 4-13　微笑训练

2. 模拟舱迎客微笑训练

(1) 当乘客已经出现时，乘务员以优美的站姿、高雅的仪态，与舱壁呈 45 度角，正面对客，目视对方，面带微笑，向客人行 15 度鞠躬礼。

(2) 当乘客欲进舱门时，热情问候乘客：“您好，欢迎乘坐本次航班。”同时亲切地要求：“请出示登机牌。”如图 4-14 所示。

(3) 双手接过乘客的登机牌，阅后，双手奉还给乘客。

(4) 以手势示意，并说：“您的座位在 ×× 排 × 座，请往这边走，客舱内有乘务员会为您引导。”

当乘客需要帮助时，乘务员应主动热情地表示：“我可以帮助您吗？”或引领乘客入座。

图 4-14　迎客微笑

三、鞠躬礼仪

在一个人未开口之前，他的举止和姿态就是他的个人语言，虽然无声，但影响力却很大。例如鞠躬行礼。

鞠躬，在日常生活中是一项不可缺少的礼仪，特别是在亚洲，中国、日本、朝鲜都广泛使用。鞠躬被视为一个人的态度，头低得越深，腰弯得程度越大，表示你的诚意越深，尊重的程度越高。航空公司要求乘务员在迎送乘客、自我介绍时，行鞠躬礼，以表示欢迎与尊重。这是职业的需要，希望认真学习，并能熟练掌握。

（一）基本要求

(1) 乘客登机时、自我介绍时、道别再见时、表示歉意时，需要鞠躬。

(2) 行鞠躬礼时，动作要到位，需要停顿时要停顿，以示尊重。

(3) 面目表情自然放松，面带微笑，语言、目光要得体。

(4) 有如下三种鞠躬方式。

第一种：见面打招呼，用于乘客登机和道别 (15 度)。

第二种：敬礼，用于自我介绍、表示衷心感谢(30 度)。

第三种：表示歉意，用于赔礼道歉(45 度)。

鞠躬如图 4-15 所示。

图 4-15　鞠躬

(二)鞠躬训练

女乘务员在标准站姿的基础上，双手交叉，置于腹前，目光注视前方，恭候乘客登机。如图 4-16 所示。

图 4-16　鞠躬训练

一度鞠躬：

(1) 乘客进入舱门时，先问候乘客："您好，欢迎乘坐本次航班！"

(2) 目光注视乘客，中腰前倾 15 度，后背、颈部挺直。

(3) 面带微笑，目光略下垂，表示欢迎之意。

(4) 礼毕起身，仍然面带微笑，目光礼貌地注视乘客。

二度鞠躬：

(1) 准备鞠躬时，目光注视乘客，中腰前倾 30 度，后背、颈部挺直。

(2) 面带微笑，目光注视前方 1.5 米的地面，表示谦恭之意。

(3) 礼毕起身，仍然含有笑意，目光礼貌地注视乘客。

三度鞠躬：

(1) 准备鞠躬时，目光注视乘客，中腰前倾 45 度，后背、颈部挺直。

(2) 面带微笑，目光视前方 1 米地面，表示歉意，请求原谅。

(3) 礼毕起身，仍然含有笑意，目光礼貌地注视乘客。

女乘务员的三度鞠躬如图 4-17 所示。

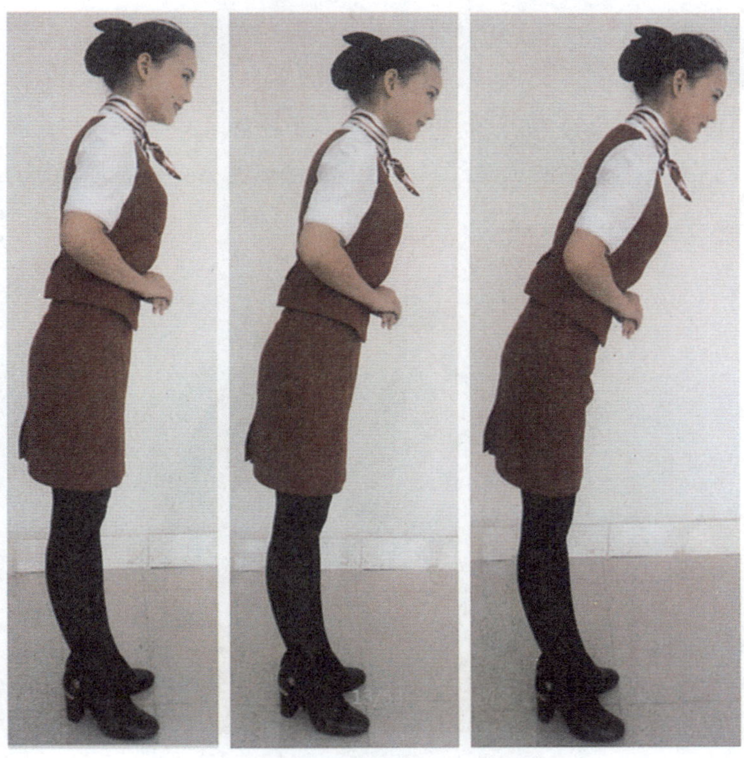

图 4-17　女乘务员的三度鞠躬

男乘务员在标准站姿的基础上，双脚打开，与肩同宽，双手交叉半握拳，置腹前或背后，目光注视前方，恭候乘客登机。

一度鞠躬：

(1) 乘客进入舱门时，先问候乘客："您好，欢迎乘坐本次航班！"

(2) 双脚立正，双手放在身体两侧，虎口朝前，再行 15 度鞠躬礼。

(3) 施礼时目光注视乘客，中腰前倾 15 度，后背、颈部挺直。

(4) 面带微笑，目光略下垂，表示欢迎。

(5) 礼毕起身，仍然面带微笑，目光礼貌地注视乘客，回到原姿态站好。

二度鞠躬：

(1) 准备鞠躬时，双脚立正，双手放在身体两侧，虎口朝前，再行 30 度鞠躬礼。

(2) 目光注视乘客，中腰前倾 30 度，后背、颈部挺直。

(3) 面带微笑，目光注视前方 1.5 米的地面，表示谦恭之意。

(4) 礼毕起身，面部仍然含有笑意，目光礼貌地注视乘客，回到原姿态站好。

三度鞠躬：

(1) 准备鞠躬时，双脚立正，双手放在身体两侧，虎口朝前，再行 45 度鞠躬礼。

(2) 目光注视乘客，中腰前倾 45 度，后背、颈部挺直。

(3) 面带微笑，目光注视前方 1.5 米的地面，表示谦恭之意。

(4) 礼毕起身，面部仍然含有笑意，目光礼貌地注视乘客，回到原姿态站好。

男服务员的三度鞠躬如图 4-18 所示。

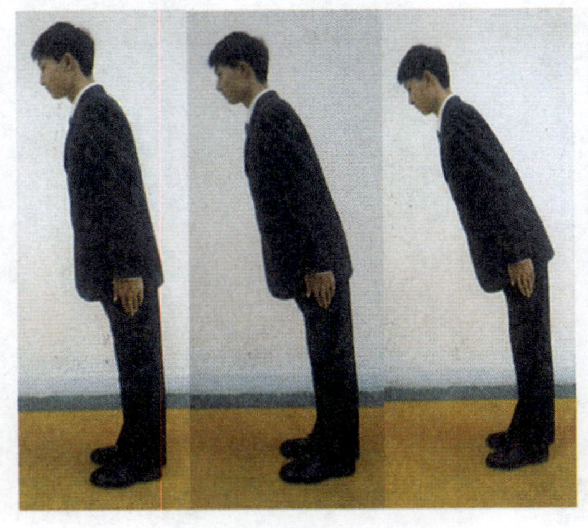

图 4-18　男服务员的三度鞠躬

四、引导手势

手势是肢体语言的一种。摊开热情的双手，可能就会收获一份友谊。而如果伸出你的中指，必然会失去一个客人。优雅地引导乘客入座，会迎来一个微笑或一声道谢，而如果经常拿食指戳戳点点，就是对乘客的失礼，你身边的人就会越来越少，认为你缺乏修养。正确使用肢体语言，需要学习，需要反复练习，当把它变成习惯的动作、成为身体的一部分时，将为你的形象加分。

（一）基本要求

(1) 动作舒展自然，需要配合面部表情，轻松的微笑，及礼貌用语。

(2) 任何时候，手势都不要幅度过大或者迅猛，以轻巧明确为好。

(3) 引导乘客向前或入座等手势，示意时，要做到“手到、眼到、说到”方能有效。

(4) 进行安全检查时，左右手都应会规范示意表达。

(5) 节奏缓和、协调柔美，气质优雅。

（二）引导手势训练

女乘务员

(1) 在标准站姿基础上，面对乘客 45 度，“双手腹前握指式”站立。

(2) 抬起大臂与小臂 135 度伸开，与身体成为一个夹角。

(3) 五指并拢伸直、手心向上与水平面呈 45 度夹角。

(4) 身体略微前倾，另一只手臂自然下垂或置于腹前。如图 4-19 所示。

图 4-19　女乘务员迎送客的引导手势

男乘务员

(1) 在标准站姿的基础上，面对乘客 45 度，双手交叉相握站立。

(2) 抬起大臂，与小臂 135 度伸开，与身体成为一个夹角。

(3) 五指并拢伸直、手心向上与水平面呈 45 度夹角。

(4) 身体略微前倾，另一只手臂五指并拢，中指对准裤缝，拇指内收于手心，虎口向前或置于腹前。男乘务员的迎送客如图 4-20 所示。

图 4-20　男乘务员迎送客时的引导手势

练习题

1. 当听到乘务长广播通知准备登机时，乘务员应从哪几方面进行自我检查？
2. 站在 L1 门迎客时，女乘务员的标准站姿是什么？
3. 站在客舱内迎客时，女乘务员的标准站姿是什么？
4. 男乘务员站在 L1 门时的标准站姿是什么？
5. 微笑在服务中的作用是什么？
6. 简述标准微笑的要领。
7. 简述鞠躬共分几度，分别使用在什么时机。
8. 女乘务员鞠躬的标准姿态是什么？
9. 男乘务员鞠躬的标准姿态是什么？
10. 男乘务员引导手势的基本要领是什么？

第三节　客 舱 礼 仪

一、巡视客舱

客舱巡视是乘务员在工作中的一种常态，通过巡视客舱，可以及时发现问题并解决问题，可以针对乘客的不同需求，一对一地提供细微服务。许多特殊的服务就是在巡视客舱时发现和得到解决的。当乘务员以优雅的气质、端庄的仪态、柔美的表情，面带微笑，步态轻盈地走进客舱时，会给乘客带来安全、祥和、舒适、美好的感受。

（一）基本要求

(1) 进行客舱巡视时，要给乘客带来美感、成熟与亲切感。

(2) 步伐要轻，步幅要稳，不能急促，切勿跑步。

(3) 夜航飞行时，脚步更需要轻、柔、慢，不能碰撞到熟睡的乘客。

(4) 两名乘务员在客舱里交汇时，先向对方点头示意，然后以背靠背的方式通过，手的姿态不变。

（二）巡视客舱训练

女乘务员

(1) 在正确基本走姿的基础上，面带一点微笑，温和友善。

(2) 双手交叉相握于腰部，手腕略微上抬，双臂微收。

(3) 目光关注在左右两侧 1~5 排范围内，可用微笑或点头与乘客交流，如图 4-21 所示。

图 4-21　女乘务员巡视客舱的仪态

男乘务员

(1) 在正确基本走姿的基础上，面带一点微笑，温和友善。

(2) 双臂自然下垂。

(3) 一只手放在身体的后部（适用于身体宽厚的男士，起到瘦身效果）。

(4) 目光关注在左右两侧 1~5 排范围内，可以微笑或点头与乘客交流，如图 4-22 所示。

图 4-22 男乘务员巡视客舱的仪态

二、客舱交汇礼

客舱交汇是指两名乘务员在狭窄的客舱通道面对面相遇时需要错身通过的动作。

在客舱通道与他人交汇时，先向对方点头示意，然后以背靠背的方式通过，手的姿态不变，如图 4-23 所示。

三、目光礼仪

人们常说眼睛是心灵的窗户，它能表达出人们最细微、最精妙的内心情思。从一个人的眼睛中，往往能看到他的整个内心世界。一个良好的交际形象，目光应该是坦然、亲切、和蔼、有神的。特别是在与人交谈时，目光应该是注视对方，不应该躲闪或游移不定。在整个谈话过程中，目光与对方接触累计应达到全部交谈时间的三分之二。

乘务员的职业是与人打交道的典型服务行业，职业特点是通过乘务员的语言、目光、微笑和仪态共同传递的，如果某一个环节没有做好、出了问题，就会适得其反，不仅给航空公司形象带来负面影响，同时，个人形象也会受到损害，因而，不能忽略每一个细节，在与乘客打交道时，应做到尽善尽美。

（一）基本要求

(1) 服务中，需要使用积极健康、专注诚实、坚定友善的目光，以此来赢得乘客的信赖。

(2) 避免左顾右盼、上下打量、挤眉弄眼或者逃避对方的目光。

(3) 与乘客谈话时，目光一定要注视乘客，眼睛不要东张西望，不要心不在焉、玩弄手里的东西或者不停地看手表，否则是很不礼貌的行为。

(4) 与异性交流时，应选择尊重、有礼貌的目光。

（二）目光训练

(1) 乘务组与乘务组面对面站立，练习敢于正视对方的目光而不游移，表情自然大方。

(2) 相隔 1.5 米时，目光注视点在眉、眼与口部之间，即双眉至口唇“小三角”区域。

(3) 相隔距离 3 米以内时，目光注视点在肩部以上部位，即两肩至头顶“大三角”区域。

(4) 相隔距离 3 米以外时，目光注视点在整个身体，然后逐渐将视线集中在肩部以上。

（三）介绍几种目光

(1) 迎宾时的目光：迎宾时，三米之内，目光真诚地注视对方，以示期盼。

(2) 送客时的目光：送客时，目光向下，以示谦恭。

(3) 会谈时的目光：会谈时，目光平视，表示自信、平等、友好。

(4) 倾听时的目光：倾听时，目光专注，适时回应、交流。

(5) 见面时的目光：见面时，凝视对方一般 1~2 秒，初次见面不超过 10 秒。

目光礼仪如图 4-24 所示。

图 4-23　乘务员客舱内交汇

图 4-24　目光礼仪

（四）忌讳目光

(1) 与乘客交谈时，应该尽量把目光局限于上至对方的额头，下至对方上衣服的第二颗纽扣以上。对禁区、敏感区应该回避，否则会被认为非礼。

(2) 服务中不可使用斜视、上下打量、轻蔑或挑衅的目光，否则容易引发对方不满。

(3) 不可长时间盯着客人的眼睛，不可咄咄逼人、自以为是、唯我独尊。

(4) 不可使用躲躲闪闪的目光，否则会给人不自信、逃避为乘客解决问题的感觉。

四、下蹲礼仪

乘务员在工作中使用蹲姿的场合很多，例如下蹲拿取餐食，下蹲和老年人、无人陪伴的小旅客谈话交流、下蹲为乘客拾起掉在地板上的物品等，这些都是乘务员在工作中常见的动作。此举可以表达乘务员对乘客善解人意、平等待人、关怀他人的态度。

标准的蹲姿，应该在目光视线下有准备地下蹲，双腿最好保持一前一后，腰脊挺直，优雅蹲下。

（一）基本要求

(1) 不要突然下蹲。

(2) 不要与人过近。

(3) 不要失方位和距离。

(4) 不要毫无遮掩。

(5) 不要蹲在椅子上。

(6) 不要蹲着休息。

（二）下蹲训练

1. 女乘务员

(1) 站立姿态，呈前后步，上体垂直。

(2) 下蹲时顺势整理裙摆，膝盖放松蹲下。

(3) 两腿夹紧，高低式蹲姿（指两膝一高一低）。

(4) 一只手放在膝盖上，另一只手自然地放在两腿中间（起到遮盖保护的作用）。

女乘务员的蹲姿如图 4-25 所示。

2. 男乘务员

(1) 站立姿态，呈前后步，上体垂直。

(2) 膝盖放松蹲下。

(3) 双膝略开，高低式蹲姿 (指两膝一高一低)。

男乘务员的蹲姿如图 4-26 所示。

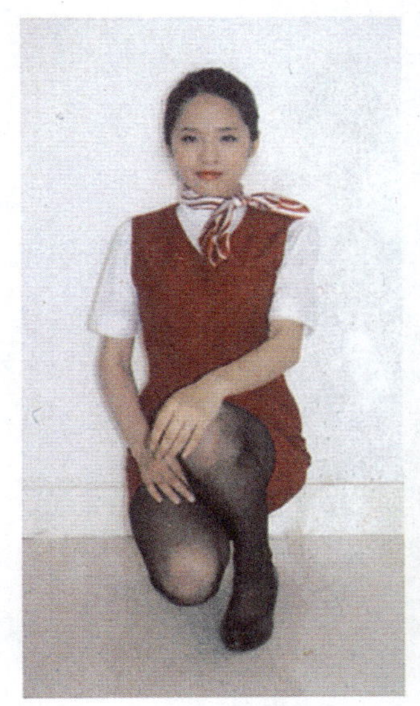

图 4-25 乘务员的蹲姿

图 4-26 男乘务员的蹲姿

3. 收取餐盘

在取餐车底部的餐盘时，从站立姿态，面对餐车后退半步，蹲下后，双手从餐车底部抽取餐盘 (见图 4-27)，起身，依次送出。

收回餐盘时，双手接过乘客的餐盘，从上往下依次摆放。

图 4-27 下蹲取餐盘

4. 拾取物品

在蹲姿的基础上，一手捡取物品，另一只手置于腿上，女乘务员巧妙地将手置于两膝之间，如图 4-28 所示。

图 4-28 下蹲拾物品

5. 特殊蹲姿

为要客、老人或儿童服务时，面对乘客 45 度，采取弯腰或下蹲的姿态，如图 4-29 所示。

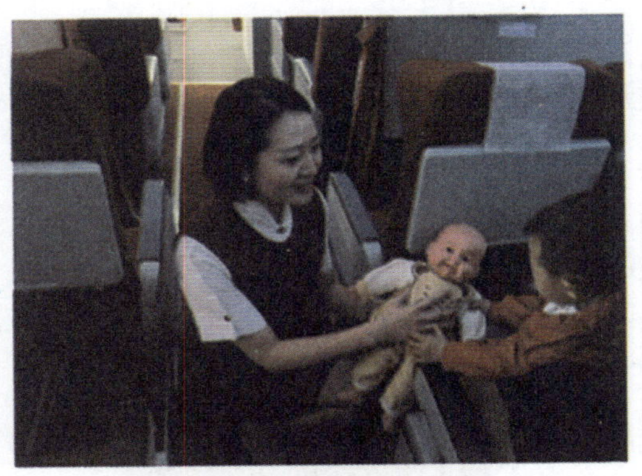

图 4-29 下蹲为儿童服务

五、安置行李的礼仪

乘务员每天在航班上无数次帮助乘客安置和拿取行李，开启 / 关闭行李架，这本身是一项服务，又是一项安全检查的重要环节。每当飞机起飞前、落地前，乘务员需要走进客舱，举起单臂或双臂逐一进行安全检查，确保每一个行李架万无一失。相信此时此刻，机上所有人的目光都会集中在该名乘务员身上，注视着乘务员的每一个细节，包括她的动作、神态、对此项工作认真负责的态度，同时欣赏着她的美丽、标准的身材，舒展的仪态，甜美的微笑。

（一）基本要求

(1) 身体面向行李架，手臂上举时姿态优雅。

(2) 受到身体高度影响时，可以踮起脚后跟来增加身体的高度。

(3) 为乘客放置和提取行李时，身体面向行李架，双臂上举。

(4) 进行客舱安全检查时，可采用左或右单臂侧身检查行李架。

（二）仪态训练

(1) 两个人为一组，进入模拟舱。

(2) 以安全检查形式为场景，做单臂向上举起的操作练习。

(3) 模拟训练为乘客安置行李物品，双手举起操作，保持动作优雅、不失态。

(4) 训练轻轻开启 / 关闭，体验其力度。

注意事项：

- 手臂上举时，乘务员要注意衣服的下摆，避免露出腹部。
- 打开或关闭行李架时动作要轻，不能用力过猛，避免惊吓乘客，如图 4-30 所示。

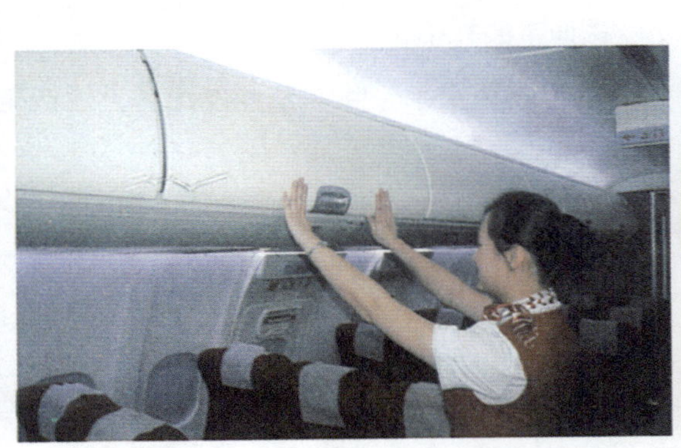

图 4-30　双手关闭行李架

练习题

1. 简述女乘务员巡视客舱的仪态。
2. 简述男乘务员巡视客舱的仪态。
3. 巡视客舱时，目光应停留在什么范围之内？
4. 乘务员双方在客舱内交汇的正确方法是什么？

5. 乘务员通常在什么情况下需要下蹲？

6. 简述女乘务员标准下蹲的仪态。

7. 简述男乘务员标准下蹲的仪态。

8. 开启和关闭行李架的礼仪是什么？

第四节　道 别 礼 仪

一、握手

握手通常是我们与人交往中的第一次身体接触。握手的得体与否，对接下来的相互交往有着重大的影响。

但是在航班上，握手动作却往往出现在航班结束后，乘客为了表达感激之情，会主动伸出手来与我们握手道别。我们应如何礼貌地回敬他们，做好最后一道礼仪程序？这是我们这里应该学习的主要内容。

（一）基本要求

(1) 选择好时机，要握手就大大方方地伸出手，借这个动作准确传达你的信息。

(2) 在飞机上，为了尊重乘客的权利，不应先伸手，而是乘客伸手时，我们应做出回应。

(3) 乘务员应遵循年龄长者、地位高者、女士先伸手的礼节。

(4) 一般情况下，我们都应该用右手与别人的右手实施握手。除非是老友惊喜重逢或是表达深切的谢意，否则最好不要用双手去握手。

(5) 把握好握手的时间，3~5 秒为宜。

(6) 把握好握手的力度，不要因为过于用力或轻描淡写让人感到疼痛或缺乏诚意。

握手礼仪如图 4-31 所示。

图 4-31　握手礼仪

(二)仪态训练

(1) 以乘务组为单位，分两排，面对面站立，相隔距离 1 步远。

(2) 女乘务员腹前握指式站姿。

(3) 男乘务员垂臂式站姿。

(4) 各自伸出右手虎口对虎口相握。

(5) 握手时目光注视对方，微笑示意。

(6) 力度适中，轻微用力 3~5 秒钟。

(7) 加上寒暄语同时练习，例如“认识你很高兴”等，如图 4-32 所示。

图 4-32　握手礼仪训练

注意事项

一次令人愉快的握手感觉，应该是坚定的、干爽的、触摸很舒服的，时间持续 3~5 秒钟，它可以良好地传达愉快相见的情感，建立彼此的友谊，产生信赖感。如果手心容易出汗，可以在握手前不经意地擦干，并控制好时间。

握手可以传达出欢迎、感谢、问候、告别、祝贺和慰问等感情。不敷衍、不造作、不扭捏、不莽撞，是实施握手礼很重要的原则。谁也不喜欢与虚伪无礼的人做朋友，因此，要记住以上要点，诚恳认真地与朋友、同事和客户实行握手礼，给彼此一个愉快的会面体验。

二、递送名片

递送名片已成为人际交往、公关的一种重要手段。

名片是一个人身份、地位的象征，是一个人尊严，因为名片上一般印有公司名称、头衔、联络电话、地址等，有的还印有个人的照片。通过递送名片，可以使对方认识自己，有事时可以联系。当然，名片除了有介绍个人的意义外，还是他所在单位的形象缩影。所以说，有人把它称作“第二张身份证”。

飞机上偶尔乘客会递送名片，特别是当乘务员为乘客做了某项特殊服务时，乘客想表达感激之情，会递送名片；或者有些乘客非常喜欢你，愿意和你保持联系，也会递送名片。

乘务员职业规定，在工作期间不能与乘客乱拉关系，应保持一定的距离。但是，当乘客明确表示喜欢你，递送名片，希望下机后保持联系时，我们应如何应对？如何做到既不失礼，又要礼貌回敬，这依然是我们学习的重点。

（一）基本要求

(1) 礼貌地双手接受，明确地感谢对方对自己工作的认可。

(2) 接受名片后，要仔细看一遍，并说“谢谢”。

(3) 应十分认真地对待接受的名片，面对乘客不可随手乱放。

(4) 不可当着乘客面拿着名片折来折去，应放在自己的口袋里。

(5) 如果递送名片，应双手呈递，将正面朝向接受方。

(6) 当乘客明确表示希望请客吃饭时，应学会婉言谢绝，把被动变为主动。

（二）仪态训练

(1) 以乘务组为单位，分两排，面对面站立，相隔 1 步距离。

(2) 递送名片时，面带微笑，将名片的正面朝着对方，恭敬地用双手捏住名片上端两角送到对方胸前。

(3) 如果是坐着，应起身或欠身递送。

(4) 如果同外宾交换名片，可先留意对方是用单手还是双手递名片，随后再跟着模仿。因为欧美人、阿拉伯人和印度人惯于用一只手与人交换名片；而日本人则喜欢用右手送自己的名片，用左手接对方的名片。

(5) 接受他人名片时，应起身或欠身，并轻声说“谢谢”。

(6) 接过名片后，当着对方的面，用 30 秒钟“读”一遍，妥善放好。

递送名片时的仪态如图 4-33 所示。

图 4-33　递送名片时的仪态

三、沟通

随着经济的发展，如今越来越多的百姓出行时选择乘坐飞机，乘坐飞机的人数每年以12%~14%的速度递增。如何做好服务工作，服务好社会，服务好客户，让服务品质永不衰竭，是航空公司领导主抓的工作之一。应当对外大力开展宣传，对内苦练内功，加强培训，要求所有的员工仪表仪容、服务语言、工作作风要标准化、规范化、人性化，做到“人人有礼貌，各个讲敬语”。因此，使用敬语，学会与人沟通，是服务行业的必修课。

（一）基本要求

1. 学会“敬人三 A”原则（尊重、接受、赞美）

(1) 尊重：无论是对乘客还是对朋友，都要学会尊重。用敬语通过简单的三言两语，就可以把尊重传达出去，比如，用真诚的态度和表情去问候“您好！欢迎您登机。”“我来帮您好吗？”等。这样，很容易就能使对方的自尊心得到满足，并且知道了在你心中他的位置是如此重要的，那么接下来的交谈自然就会变得顺畅了。

(2) 接受：所谓接受，就是尊重对方的想法，不与乘客争辩、抬杠，不在言语上争胜负，要尽量换位思考，去谅解对方、包容对方。把道理让给乘客，有时会使对方十分感激。

(3) 赞美：学会用善良宽厚的目光去体察别人。没有任何人喜欢听挖苦的话，人人都喜欢被赞美。例如，一个人很胖，又很聪明，就不能对他说“你的身体真胖”，而应赞美对方“你真的很聪明，讲的话很有道理”。当然，赞美是需要适可而止的，如果一味地过分夸大、不着边际地赞美，是会令人反感的。

2. 学会注重细节

与乘客沟通需要正确地使用目光、表情、语言、声音、速度，把握住每一个环节，巧妙地运用好每一个细节，这样才能实现有效沟通，产生事半功倍的结果。

（二）语言训练

无论在什么时候，乘务员都应把“请”字挂在嘴边。如“请问”、“请原谅”、“请留步”、“请用餐”、“请指教”、“请稍候”、“请关照”等。反复使用“请”字，会使话语变得委婉而礼貌，能比较自然地把自己的位置降低，是将对方的位置抬高的最好办法。

1. 问候语与欢迎语

用迎客站姿，目视来宾，面带微笑，主动热情。配以欢迎辞：

“您好，欢迎登机！”

“您好，欢迎乘坐本次航班！”

“小姐早上好，欢迎您乘坐本次航班！”

“您好！欢迎您登机，请往这边走。”

“您好，很高兴见到您。好久不见，您好吗？”

“小姐您好！您的座位号是12B，请您走这边的通道。”

“小朋友，早上好！请跟我来，你的座位靠窗口。”

注意：道欢迎语时，一是不离“欢迎”两字；二是在欢迎语前加上对方的称谓；三是伴随见面礼节，如微笑、点头、鞠躬等。

2. 称谓语

普通称呼：女士、小姐、夫人、先生、您。

加职务称谓：如“总理”、“部长”、“主任”、“乘务长”等。

加姓氏称谓：如“王总经理”、“刘主任”、“董院长”等。

加姓名称谓：如“奥巴马总统”、“ XXX市长”等。

加姓氏职称称谓：如“韩教授”、“李律师”、“张工程师”等。

3. 忌讳语

乘务员之间禁止使用无称谓的称呼，例如：喂、哥儿们、姐们儿、师傅、伙计等。

练习：

问：“乘务员，我的箱子放在哪里？”

答：“先生，箱子可放置在行李架上。行李架在您的前上方，您需要我帮助吗？”

问：“小姐，我的座位在哪里？”

答：“阿姨，您的座位是24D，请往这边走，舱内有服务员为您指引。”

注意：应答时，可以配合正确的目光、手势来辅助表达，使乘客便于理解。

案例

有一次，因为雷雨天气，航班延误了。一位旅客指着一位年轻的空姐大声斥责道：“我的急事被你们的飞机延误了，接下来的航班我也赶不上了，这个损失谁来负责？我要索赔！我要告你们！你们说不飞就不飞，太不尊重旅客了！如果没有急事谁会坐飞机？不就是图快吗？连这个都做不到，你们还能干什么？”

那位年轻空姐急得脸孔微微潮红，支支吾吾地解释说：“先生……您误会了，不是我们……不想飞，是因为天气不好……”不容她说什么，这个旅客挥手示意她走开，那动作就像在驱赶一只苍蝇。

这时候，一位年长一些（应该算是空嫂）的乘务员走过来。那个旅客还在发着牢骚。空嫂微微倾身，保持良好的与旅客交流的45度角，耐心地倾听，并不急于插话。因为她知道，旅客心中有愤怒，不发泄完，心中就会不舒服。认真地倾听就是争取一个同盟者的姿态，应尽量使他感觉舒服。如果你没有冷淡和不耐烦，也不与之争论，旅客就会减少不安和敌视。

果然，空嫂的姿态使得旅客渐渐平静下来。接着，空嫂做了诚恳的道歉：“先生，对此我表示十分真诚的歉意，飞机不能按时起飞给您造成了很多不便。但我们和您一样，把安全放在了首位。现在航路上有雷雨，暂时不能起飞，一旦天气有所好转，我们会积极与机长联系，一有消息我会马上通知您。我和您的心情其实是一样的，非常希望能够尽快起飞。”

这位旅客的脸色有所缓和，情绪也不再那么激动了，他有点儿无奈地说：“我只希望能够早些起飞。”然后就闭上眼睛，再也不愿多说一句话了。

大概半个小时后，飞机还是无法正常起飞，空嫂将这个情况报告给了乘务长。

乘务长拿了一杯水，并用热的湿毛巾折了一朵毛巾花，放在另一个一次性纸杯里，端了一个小托盘，来到那位旅客面前，亲切而温和地说：“先生，打扰您了，天气比较热，请喝杯水吧。这是毛巾，您擦擦手。”她言语温暖，不卑不亢。旅客把毛巾拿在手里，热乎乎的毛巾让他感觉很舒服，也很意外。

“先生，飞机暂时还不能起飞，但机长正在联络，也许很快就有消息。今天很多航班都延误了，也许您的下一班机也会延误。一会儿，飞机一落地，我就来接您，您第一个下飞机，我陪您一起去办手续，好吗？”

这番话让旅客觉得自己无法再抱怨了，因为乘务长已经竭尽所能为他考虑得很周到了，况且乘务长也决定不了飞机的起飞。于是，他说：“好的，谢谢您！”并且微笑了一下。

其实，一个乘务长能做到和承诺的东西十分有限，当然，这个旅客最后也并不需要乘务长陪他去办手续。但乘务长体贴的姿态，已经透过其行为完全传达给了旅客，并且迅速地抹去了旅客的不快。

四、乘务员的坐姿

乘务员的座椅大部分是与乘客面对面的，乘务员在飞机滑行、起飞、下降时，必须回到自己的座位上，面对乘客，保持规范安全的坐姿。这动作无声地用身体力行的标准坐姿向乘客展示出做事认真的态度及乘务员训练有素的修养。乘务员的标准坐姿如图 4-34 所示。

图 4-34　乘务员的标准坐姿

（一）基本要求

(1) 两膝盖并拢，腰背挺直，落座的时候坐满，头部紧靠枕垫。双手交叉，自然放在腿上，双腿永远不能分开，要体现出女性的修养与优雅。

(2) 无论在任何时候，在乘客面前不可以跷二郎腿或抖动。

(3) 不可以在乘客面前挖鼻子、挖耳朵、剪指甲、打瞌睡、低头。

(4) 不可以看书报杂志等，不可做与飞行无关的事情。

乘务员的机上坐姿如图 4-35 所示。

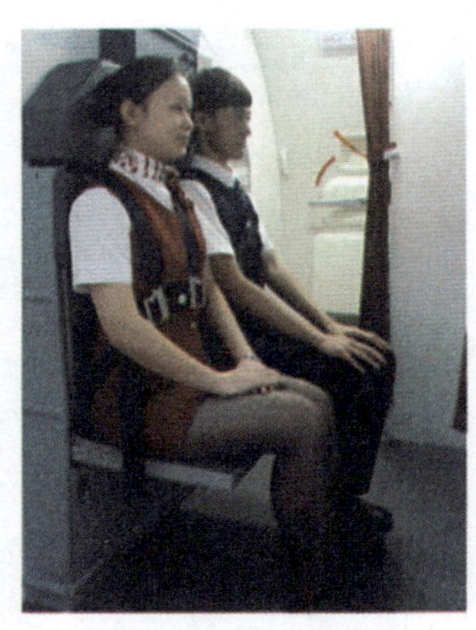

图 4-35　乘务员的机上坐姿

（二）仪态训练

女乘务员

(1) 从左侧走到座椅前，右脚先退半步，用一只手整理裙摆，坐于椅子的 2/3，右脚跟上。

(2) 双脚与地面垂直，双腿并拢，双手交叉，自然放在腿上。

(3) 上身保持挺拔，头部端正、目光平视、表情自然。

(4) 起立，右脚向后撤半步，起身，右脚跟上，立正还原到标准站姿状态。

(5) 非正式场合允许坐定后双腿叠放或斜放。交叉叠放时，力求做到膝部以上并拢。

女乘务员生活中的坐姿如图 4-36 所示。

图 4-36　女乘务员生活中的坐姿

男乘务员

(1) 从左入座，右脚先退半步，坐于椅子的 2/3，右脚跟上。

(2) 上身保持挺拔，头部端正、目光平视、表情自然。

(3) 两腿自然分开，与肩同宽，双脚与地面垂直，双手半握拳，自然放在两膝上，做到脚踏实地。

(4) 起立时，右脚向后撤半步，起身，右脚跟上，立正还原到标准站姿状态。

男乘务员的标准坐姿如图 4-37 所示。

图 4-37　男乘务员的标准坐姿

练习题

1. 与他人握手时，应遵守哪些礼仪原则？
2. 乘客下机后要求与乘务员保持联系，我们应如何处理？
3. 接受乘客名片时，我们如何有礼貌地回敬？
4. 请说出三句以上乘客下飞机时的告别敬语。

第五章

地面服务礼仪

地面服务是民航不可或缺的组成部分。以首都机场T3航站楼为例，整个机场占地面积2474公顷，相当于34个故宫。这里有179个登机口，670条自动扶梯和步道，280间厕所，92家餐饮单位，27个外币兑换点，6个医疗急救站，4个行李寄存处，甚至还有两家邮局、两家足疗店。

机场无疑是世界交通运输中最复杂的机构之一。全世界共有4万余个大大小小的机场，其中约有3000家是大型国际民航机场。北京首都国际机场已连续多年位列第二，成为繁忙度仅次于美国亚特兰大机场的空中交通港，如图5-1所示。

图 5-1　北京首都国际机场候机楼外景一角

民航地面服务有上百家，每天从清晨开始，就有上千名员工忙碌在候机楼的不同岗位上，用他们的辛勤劳动和娴熟的服务技能，为每架飞机正点起飞、平安到达做着保驾护航的工作。

在外人的眼里，分不清候机楼里都有哪些工种，每个人的具体分工是做什么的，但凭着直觉，凭着民航制服和胸前挂的牌子，可以明确地知道面前是一名候机楼的工作人员。

为了便于乘客识别，突显岗位的不同，候机楼人员的职业服装在设计上做足了鲜明的特征，以此来划分工作的种类。所以说，民航候机楼服务员所穿的职业装，除了美化个人形象，表现出着装者的个性和气质外，还代表了职业特点、工作态度及对待工作认真负责的精神，代表了航空公司对外的整体形象。

第一节　职 业 形 象

良好的职业形象将会成为工作中的重要砝码，会帮助乘务员赢得领导的认可、同事的尊重和乘客的信赖。

民航地面服务无论哪一个工种，都设有一整套行业规范和服务标准，点点滴滴渗透着民航服务理念和礼仪形象。学习民航礼仪的意义，在于有助于提高每一位员工的个人素质，提高航空公司对外的形象，提高民航服务水准和工作质量，更好地尊重乘客。例如，候机楼值机人员、安全检查人员的工作仪态如图 5-2 所示。

图 5-2　候机楼值机人员、安全检查人员的工作仪态

一、基本要求

(1) 按照岗位着装规定，冬夏季服装不可以混穿，更不可以不穿制服。

(2) 衣服干净整齐、无破损、无异味、扣子无丢失。

(3) 袜子无破损、皮鞋干净光亮。

(4) 按照职业发型梳理，不可理成奇特发型、漂染成怪异发色。

(5) 要求化淡妆上岗，不可素面朝天。

(6) 按规定佩戴工作证、工作牌、丝巾、领带。

二、着装仪表规范

(1) 制服纽扣要整齐扣好，不可衣冠不整或敞胸露怀。

(2) 穿裙装时，袜子按照规定统一穿一色长筒丝袜，不可不穿或穿短袜。

(3) 穿公司统一配发的黑色皮鞋，不可穿凉鞋或其他。

(4) 统一使用公司配发的丝巾和领带，不可佩戴其他颜色或带有个性化色彩的装饰物。

(5) 工作期间，工作证始终挂在胸前，正面朝外，随时接受社会的监督和检查。

(6) 工作牌统一佩戴在制服左侧上方，口袋边缘处。

(7) 长发统一盘起，系于头的后部，高度位于两耳上缘中间，前面没有碎发。

(8) 做到干净整齐，一丝不乱，统一使用配发的发网、发卡，不可有其他饰物。

(9) 短发干净利索，前不遮眉，侧不遮耳、后不遮领，保持发泽健康、光亮。

(10) 职业妆不可浓妆艳抹，妆容怪异奇特，口红应根据制服颜色配套选择，以自然美观、庄重典雅为宜。

注：民航地面男女制服着装规范、发型、工作证件、服务牌、领带、丝巾、肩章、袜子、皮鞋、饰品佩戴、化妆、仪态等的规定与空勤人员的基本相同。

地面服务员的着装、发型、领带、仪态标准如图 5-3 所示。

图 5-3　地面服务员的着装、发型、领带、仪态标准

练习题

1. 简述地面服务员的着装基本要求。
2. 如何正确佩戴地面服务工作牌？
3. 对地面服务员穿皮鞋、袜子有哪些具体的要求？
4. 对地面服务员长发盘起有哪些具体的规定？
5. 对地面服务员的短发有什么要求？
6. 地面服务员上岗化妆的标准是什么？

第二节　贵宾服务礼仪

地面自从开放高端商务贵宾服务以来，一直以“至诚服务，至尊享受”的服务理念和“步步有礼，心心相悦”的服务标准为乘客提供方便快捷、舒适豪华、尊贵高雅的贵宾接待服务。航空公司不断提升服务品质，完善服务功能，打造国际上品质卓越、功能完善、管理先进的贵宾服务，把贵宾服务品牌推向世界。

其实，为高端乘客服务早已是航空公司持续多年的服务项目。在中国民航局的要求下，几乎所有的航空公司、机场，都设有贵宾接待区、头等舱、公务舱接待室以及商务服务区、行李打包等业务。还有专为高端旅客，商务贵宾提供高品质的接机、送机、候机、值机服务的专业机构，实行空地勤一条龙的服务。凡是从事贵宾服务的工作人员，应具备综合文化素养，除了认真负责的工作态度，娴熟的服务技能，良好的沟通能力、待人接物的能力以外，良好的礼貌礼节修养、规范的仪表仪容是十分重要的，在人员选拔条件上，各方面的要求要高于普通服务员，需接受严格的培训，经考试合格后持证上岗。

案例：搭乘班机首选哪家？

国航在2000年只有4000名白金卡客户（一年内飞行16万公里或90个航段的旅客），4年后就达到了15000名。说明国航优质的服务得到了高端乘客的认可。

一、环境礼仪

(1) 提前将商务贵宾休息室整理得典雅舒适：当被引入贵宾休息室时，应当使要客一进入贵宾室，就能感到在熙熙攘攘的机场竟然还会有如此宽敞、幽静的如同“桃源圣地”休息环境，如图 5-4 所示。

(2) 休息室内应准备好茶水、矿泉水、碳酸饮料、速溶咖啡、小食品。

(3) 开启网络、航班信息大屏幕，让贵宾随时尽享尊崇的服务。

图 5-4　贵宾休息室

二、迎送礼仪

(1) 为贵宾开辟金色通道，让其缓步通过贵宾通道前往登机，或者乘坐 VIP 专用车到达飞机云梯登机。

(2) 接机服务员提前安排贵宾车辆在飞机下恭候。

(3) 主动为要客打开车门，协助上下车，提拿行李。

(4) 热情称呼，主动问候，礼貌道别。

(5) 国内航班到达后，贵宾从地坪云梯走下飞机，由地面服务员引导，乘坐 VIP 专用车前往贵宾室休息。国际航班贵宾到达后，服务人员在廊桥口迎接，协助办理手续后，用专用车辆把贵宾送到贵宾室与接机人会面。如图 5-5 所示。

图 5-5　提供贵宾专用云梯及车辆

(6) 全程陪同，全方位服务，使贵宾从心里得到非同一般的自尊和雍容华贵的享受。

三、贵宾室服务礼仪

(1) 服务员按照规范标准站姿，站立在贵宾室门口，面带微笑，鞠躬行礼 (30 度)，并使用敬语，如“您好，欢迎您！”或“再见！请您拿好您的全部手提行李，希望再次见到您！”等，举起右手或左手示意，引导进入或乘车离开。

(2) 自我介绍，表达“愿意为您服务”的愿望。

(3) 引导乘客进入时，把右侧让给乘客，自己站在左侧，不走中间，不从乘客中间穿行。

(4) 到门口时，主动开门让乘客先行。

(5) 迎客时服务员走在前面，送客时服务员走在后面。

(6) 上楼时乘客在前，下楼时乘客在后。

(7) 提供小毛巾。

(8) 介绍饮料服务，适时提供添加。

(9) 主动介绍免费自助餐的种类。

(10) 协助办理填写申报单、办理行李托运、换取登机牌等，用贴心的服务和舒适的等待来替代贵宾的自行奔波。

(11) 把登机时间放心地交给服务人员，让贵宾安心享受甜美的提醒，及时掌握航班动态。

(12) 服务员应当步态轻盈稳重、语言和蔼可亲、表情温柔甜美、神态成熟自信、行动快速敏捷、举止优雅大方，如图 5-6 所示。

图 5-6　VIP 休息室服务员

练习题

1. 举例说明贵宾室可以配备哪些免费饮料。
2. 举例说明贵宾可以享受哪些特殊的服务项目。
3. 简述贵宾室服务迎客礼仪。
4. 简述进入贵宾室后，服务员的行走礼仪及服务标准。

第三节　值 机 礼 仪

首都机场每天为 92 家航空公司 1700 架次航班提供服务，但仅有 300 个值机柜台。如何在航空公司、值机柜台和运营航班中做好统筹分配，是一项技术含量极高的工作。不过，几家驻场航空公司不断添置的数百台自助值机系统提供了不少方便，出行旅客可以直接在类似银行 ATM 机的铁箱子面前办理登机牌，如图 5-7 所示。

图 5-7　在候机楼内自助办理登记手续

值机柜台的后面通常有航空公司的地勤人员，他们是旅客到达机场后接触到的第一批机场工作人员，穿着统一的制服，梳着标准的发髻，每天大约为 24 万名乘客办理登机手续，这相当于一个小型县城的常住人口总和。

值机柜台人员只能为每人平均服务两分钟，通常以“您好，请问您到哪里？”开始，接过身份证，打印登机牌，安排行李托运，最后以递送打印好的登机牌结束。大多数柜台服务员还会把登机口和登机时间用笔圈出来，以示提醒。

值机柜台人员为乘客办理登机手续的场景如图 5-8 所示。

图 5-8　值机人员为乘客办理登机手续

无论工作有多忙，航空公司都要求每位员工始终保持良好的仪容仪表。上岗前，要求值机人员认真仔细地检查个人的仪容仪表及着装，包括女士的化妆、发型、丝巾、头花、刘海、工作证的佩戴是否符合要求，并调整良好心态，为旅客提供亲切而周到的服务，让每一位旅客感受到温馨，并留下美好的印象。如图 5-9 所示。

图 5-9　值机人员严格遵守礼仪要求上岗

一、基本要求

(1) 见到乘客要首先主动打招呼，使用敬语，然后开始办理值机手续。

(2) 主动询问乘客航班号、身份证号、姓名。

(3) 主动征求乘客的意见，尽量满足乘客选择座位的要求。

(4) 耐心听取乘客提出的各类问题，热心帮助解决疑难问题。

(5) 积极为乘客办理登机手续，不拖延，争取娴熟、精准地在 30 秒至 1 分钟内完成。

(6) 递交姿态，双手递接证件、行程单、客票等物品时，应正面朝上，以字体正面面对乘客，并交于乘客手中，保持面带微笑或与乘客目光交流。

二、值机标准用语

(1) 您好，请问您到哪里？

(2) 请出示您的有效证件，谢谢！

(3) 先生（女士），今天是您的生日，祝您生日快乐！

(4) 请问您对座位有什么需求？

(5) 请问您是否有托运行李？共有几件？到哪里？

(6) 行李中是否有易碎 / 贵重 / 危险品？

(7) 根据航空公司的规定，易碎物品托运是免责的，请在这里签字确认，谢谢。

练习题

1. 简述航空公司地面值机的作用。

2. 简述值机员为乘客办理登机手续时的基本礼仪要求。

3. 请说出 3 句以上标准值机敬语。

第四节　问 询 礼 仪

航空公司在机场和大厅最醒目的地带通常会设立多个问询台，柜台中央树立一块高达 3 米多的立体牌子，在上面明显标有一个巨大的问号，无论从什么方位，都可以清晰地看到这个标识，便于乘客寻找。

问询台的工作人员是航空公司的对外形象大使，这个岗位是为乘客快速解决疑难问题、引导乘客顺利登机而设立的，是航空公司对外承诺“旅客至上，打造细致入微的服务”的一种体现，并且制定了相应的相关工作标准，要求所有问询台的工作人员必须注重个人着装仪表，必须使用敬语、礼貌用语。回答乘客问询时要求严格推行首问负责制，当旅客问询时，第一名工作人员必须直接回答旅客的问询，或协助引导旅客找到相应的解决部门，使旅客的问题得到及时的解决；要求服务人员不允许说“我不知道”、“我不清楚”，以此树立良好的航空公司职业形象。问询台如图 5-10 所示。

图 5-10　问询台工作人员是航空公司的形象大使

礼貌回答乘客问询，是民航服务人员在回答问询中所表现的礼仪行为。在完成这项工作的时候，应注意以下几点。

一、基本要求

(1) 应答乘客询问时要站立答话，身体不能靠在椅背上，而且思想要集中，全神贯注地聆听，目光不能游移，不能心不在焉，或说话有气无力，或不爱搭理；必要时，应边听边做记录，便于问题的解决。

(2) 应答乘客提问或征询有关事项时，语言应简洁、准确、语气婉转、音量适中，不能偏离主题，或声音过大，或词不达意。

(3) 如果乘客口齿不清，语速过快时，可以委婉地请客人重复，不能听之任之，凭着猜想随意回答。

(4) 回答乘客的提问时应从容不迫，按先来后到的次序，分轻重缓急，一一回答，不能只顾一位乘客，忽略了其他乘客的存在。

(5) 对于乘客提出的无理要求，需要沉住气，婉言拒绝，或巧妙回答“可能不会的”、“很抱歉，我实在不能满足您的这种要求”，做到有修养、有风度、不失礼。

(6) 对于乘客的批评指责，如果确实我们有不当或失职，应首先向乘客赔礼道歉，对乘客的关注表示感谢，立即报告或妥善处理。

(7) 如果遇到有乘客提出的问题超出了自己的权限，应及时请示有关部门，禁止说一些否定句。

二、实际训练要求

以乘务组为单位，一组准备问题提问，一组练习回答。

(1) 遇到乘客要先开口、“请”字当头、“谢”字不离口。

(2) 与乘客说话时保持1米左右距离，全神贯注，用心倾听。目光看着客人，不要打断乘客。对没有听清楚的地方，礼貌地请客人复述一遍。

(3) 对乘客的问询应圆满回答，对不知道的事情，应查找有关资料或请示领导再做答复。

三、回答乘客问询的技巧

(1) 记住乘客的姓名。适当地用姓氏称呼客人，可以创造一种融洽的顾客关系，便于问题的解决。

(2) 恰当用词。与乘客沟通交谈、服务时，应使乘客感到舒服、轻松，此时不仅仅是简单的商品买卖关系，而是融入情感的服务与被服务关系。

(3) 在回答乘客的问询时，你的语调、声音、语气、音量、讲话的方式及内容，决定着乘客对我们的评价，是愿意还是不愿意办、是欢迎还是讨厌、是尊重还是无礼。

(4) 面目表情能代表你内心的情感。虽然嘴上不说，但是从你的服务态度就能感受出来你是怎样的心态。

(5) 目光接触。当你与乘客的目光不约而遇时，不要回避，也不要死盯。要向乘客表明你的诚意，与乘客讲话时，应放下你手中的事情，眼睛面对乘客予以回应。

例如：

航班延误的原因很多，如机械故障、机组工作时间超时、流量控制，或是天气原因。其中，特殊天气导致的延误可以达到28%。这些情况有时解释得通，有时解释不通。旅客的维权意识自从2008年以后，就发生了变化，旅客们突然变得强势了。但强势得有些单薄：仅是吵闹、叫嚷，甚至打砸柜台、冲上停机坪。旅客的要求通常只有两点：马上起飞；否则就赔偿。更极端的人只有一个要求：马上飞。

处理飞机延误导致的纠纷，以及如何让旅客接受“无法马上起飞”的现实，已经成了地勤人员最头疼、最重要的工作，考验着每个人的礼仪修养和沟通技巧及处理问题的水平。

练习题

1. 简单说明民航设立问询台的意义和作用。
2. 作为一名问询服务员，应具备哪些素质？
3. 考核问询员回答问题能力的标准是什么？
4. 如果遇到超出自己权限的问题，可以如何回答？
5. 回答乘客问询时，应掌握哪些技巧？

第五节　引导手势礼仪

手是人体语言中最重要的传播媒介。俗话说：心有所想，手有所指。可见手的重要性。手扶是爱，手捧是敬，手指是怒，拍手是赞成，招手是致意，挥手是告别。

引导手势是地面服务人员经常使用的礼仪手势，特别是负责头等舱或要客室的服务员，要求手势、仪态、表情、语言做得更加规范和标准。如图 5-11 所示。

图 5-11　标准引导手势

一、手势训练

（一）曲臂式

曲臂式——用于主人请客人“请往里面走”的指引方向或用于介绍时有礼貌的手势。如图 5-12 所示。

图 5-12　曲臂式手势

(1) 身体保持基本站姿。

(2) 左手自然下垂。

(3) 右手从右侧抬起，大臂与小臂成 90 度，小臂与地面平行。

(4) 右手心在垂直于地面的基础上向上翻 45 度。

(5) 目光朝向右手尖所指方向。

(6) 使用礼貌语言“请您这边走！”

（二）斜臂式

斜臂式——请客人就座或请客人下楼时，主人使用的手势。如图 5-13 所示。

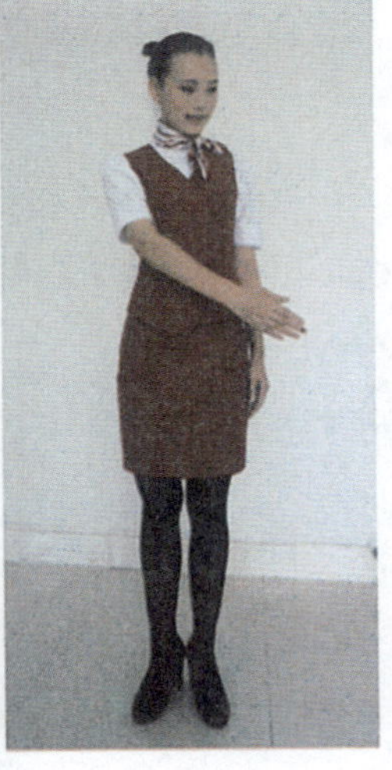

图 5-13　斜臂式手势

(1) 身体保持基本站姿。

(2) 左手自然下垂。

(3) 右手从右侧抬起，斜臂伸直。

(4) 右手心在垂直于地面的基础上略向上翻 45 度 。

(5) 目光朝向右手尖所指的方向。

(6) 使用礼貌语言“请坐”、“请您注意脚下，慢走”。

（三）高位式

高位式——引导客人上楼或示意高位物品时使用的礼貌手势。如图 5-14 所示。

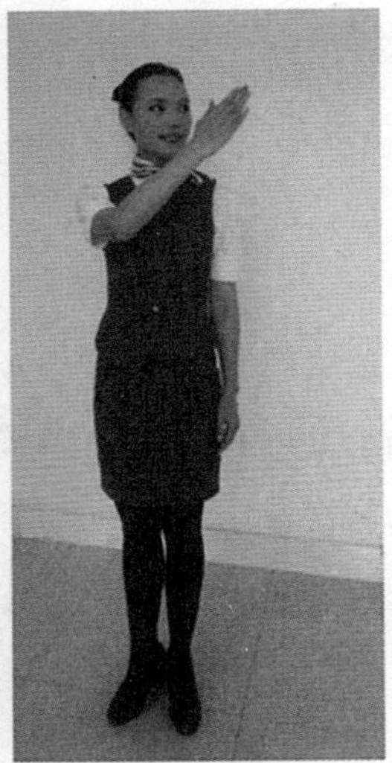

图 5-14　高位式手势

(1) 身体保持基本站姿。

(2) 左手自然下垂。

(3) 右手从右侧抬起，大臂与小臂成 120 度。

(4) 右手心在垂直于地面的基础上向上翻 45 度。

(5) 手腕与肩在同一条直线上。

(6) 目光朝向右手尖所指的方向。

(7) 使用礼貌语言“请您从这边上楼”。

二、礼貌用语训练及其他

(1) 问候语

您好！早上好！小姐好！先生好！

(2) 迎送语

欢迎您！见到您很高兴！

王经理，欢迎您的到来！

张小姐，我们又见面了！

(3) 送别语

再见！慢走！您走好！欢迎再来！一路平安！多多保重！

(3) 请托语

请！请稍候！请稍等！请让一下！

(4) 求助式请托语

劳驾！拜托！打扰！借光！请关照！

(5) 组合式请托语

请您帮我个忙、劳驾请您帮我扶一下、拜托请您给这位老大爷让个座。

(6) 致谢

金先生谢谢您！谢谢邓小姐！谢谢徐大妈！

(7) 加强式致谢

十分感谢！万分感谢！非常感谢！多多感谢！多谢！

(8) 具体式致谢语

有劳您了！让您替我费心了！给您添了不少麻烦！让您为我操了很多心！

(9) 主动征询语

需要帮助吗？我能为您做点什么？你要点什么？您喜欢哪一种？您如果不介意我来帮您吧？

(10) 应答语

好的，我知道了。好的，随时为您效劳。听候您的吩咐。很高兴为您服务。

(11) 谅解式应答语

不要紧！没关系！不会介意！

(12) 谦恭式应答语

请不必客气！请多多指教！您太客气了！过奖了！

(13) 赞赏语

太好了！真不错！对极了！相当棒！非常出色！太适合了！还是您懂行！非常正确！

(14) 回应式赞赏语

承蒙夸奖、不敢当、得到您的认可我很开心。

(15) 应酬式祝贺语

恭喜恭喜！向您道喜！向您祝贺！真替您高兴！

(16) 节日式祝贺语

春节快乐！生日快乐！新婚快乐！

(17) 道歉语

对不起！请原谅！失陪了！不好意思！多多包涵！失礼了！惭愧惭愧！真过意不去！太不应该了！

行为规范：

工作人员经常保持良好风度，待人以礼，谈吐得体，与乘客沟通时态度专注，保持目光接触，尽可能尊称乘客的姓氏。切记，在乘客面前不可有急躁或不耐烦的表现，不可在乘客附近大笑、叫喊或耳语密谈。

具体的做法：

训练使用漂亮的声音，漂亮的声音有神奇的魅力，相反，刺耳的声音会令人生恶。讲话时尽量做到以下几点。

(1) 音量低沉而有力度，不能太尖、太响。

(2) 清晰易懂，发音准确。

(3) 语速平稳，不快不慢，声音要散发热情，不要携带疲劳和沮丧。

(4) 避免地方口音，不能严重得让人听不懂。

交谈注意几点：

(1) 了解客户的需求、意图。

(2) 明确我们服务的目的、意义。

(3) 有随机应变的能力。

(4) 具有一定的心理承受能力和柔性。

(5) 坦诚相待，礼貌先行。

服务人员九点要：

(1) 嘴巴要甜一点。

(2) 脑筋要活一点。

(3) 行动要快一点。

(4) 效率要高一点。

(5) 做事要多一点。

(6) 理由要多一点。

(7) 肚量要大一点。

(8) 脾气要小一点。

(9) 说话要轻一点。

知识拓展

国航全新贵宾旅客休息室是在原有2200平方米旅客休息室的基础上进行的扩充升级，拥有109个座位。随着新增贵宾休息室的开门迎宾，国航在首都国际机场中所有的贵宾休息室面积达到2870平方米，位列各航空公司首位。新增的贵宾休息室中设有酒吧台、按摩椅、媒体中心、电视等娱乐资源，以及独立的卫生间、淋浴间等服务设施，功能设施更加齐全，力求满足旅客的多样化需求。国航全新贵宾休息室将以更高的标准为旅客服务，例如酒吧区的酒品配备标准比以往更加高规格，可提供多达20余种酒品及多款特调鸡尾酒，完全对应国航欧美航线头等舱的服务标准；独立卫生间、淋浴间的水准可与五星级酒店相媲美；娱乐设施的选配可带给旅客更佳的享乐体验。此外，国航在家具产品的选择方面，也力求达到国际一流水平，最终所选用的近40种家具采用了绿色环保材料，风格简洁、大气、现代、美观，给旅客营造出温馨雅致的休息环境。

练习题

1. 简述“曲臂式”引导手势的基本动作要领。
2. 服务员使用“高位式”手势引导贵宾上楼时，目光应注视什么方向？
3. 简述“斜臂式”请客人就座的标准动作。
4. 写出三句以上“主动问候语”。
5. 写出三句以上“道歉语”。
6. 服务员的“九点要”包含哪些内容？说出5点以上。

第六章

面试指导

航空面试是进入航空公司工作的必经之路，是一个非常重要的考核过程。航空面试过程是主试与被试双方面对面地观察、交谈、了解和沟通的过程，也是短兵相接的斗智过程。主试通过对被试外部行为特征的观察与分析，考察、评价其素质特征、应变能力、理解能力、思考问题的广度和宽度等。如果面试发挥出色，可以在一定程度上弥补如学历、专业等方面的不足。

然而，有些人在面试的过程中会感到不知所措，或者做得不够好，甚至有的人还会在面试中因小失大，无法获得成功。只有在求职过程中注意一些基本礼仪和技巧，才能事半功倍，赢得面试人员的赏识，顺利地获得期待的工作。

第一节　准备面试

“机会总是留给那些有准备的人。”这句话相信都不会陌生。很多在航空面试中失败过的人都总结出这样一条经验：在面试前，她们没有做好充分的准备。

面对航空面试，很多人会迷茫，不知道该从哪里下手，这里，我们将带领读者走进面试准备环节，帮助大家消除迷茫，准确定位，做到胸有成竹，为即将到来的面试增光添彩。

案例 1

松下电器创始人松下幸之助原来家里很穷，全靠他一个人养家糊口。一次，他去一家大电器厂求职。身材瘦小的他，来到了厂人事部，说明来意，请求安排一个最差、工资最低的活儿给他。人事部主管见他个头瘦小，又衣着不整，不便直说，就随便找了个理由：“现在不缺人，过一个月再来看看。”人家原本是推脱。没想到，一个月后，松下真的来了。人事部主管推脱有事没空。过几天，松下又来了。如此反复多次后，那位负责人终于说：“你这样脏兮兮的，怕进不了厂啊。”于是，松下回去借钱买了衣服，穿戴整齐地来了。主管看没办法，便告诉松下：“关于电器的知识你知道得太少，不能收。”

两个月后，松下又来了，他说：“我已经学了不少电器方面的知识，您看哪个方面还有差距，我一项项来弥补。”松下在面试前调整了自己的个人形象，充实了自己的专业知识，他打动了主管，如愿以偿地进了工厂，并经过不断努力，成了经营之神。

一、精准地明确求职目的

在我们参加航空公司面试之前，首先要问自己这样的问题：“我为什么要选择这个职业？我对这个行业了解吗？”正如卢梭所说：“选择职业是人生大事，因为职业决定了一个人的未来。”明确自己的求职目的，是今后全身心投入工作的基础；明确自己的求职目的，才会激励自己奋斗，才不会随波逐流、浪费青春，像“猴子掰玉米——掰一个扔一个”。如果你对航空事业不热爱，如果你是被迫前往面试，那么，即便顺利地通过面试，在以后日复一日、年复一年枯燥的重复性工作中，你也会无法忍受的。

深入了解航空业是你选择此行业的必经之路。空乘服务工作不像大家所羡慕的那样只有光鲜亮丽的外表。在光环的背后，是逢年过节不能与家人团聚，生活作息不规律等常人所不知的艰辛。所以选择空乘作为自己今后职业的人，需要对航空的未来发展、空乘的工作特点等有一个清晰的认识。应当选择一个适合自己的职位，而不是适合自己专业的职位。我们应该根据自己的性格特征和兴趣爱好，选择自己喜欢的且能胜任的职位。

二、完善地了解用人单位的信息

这种信息不仅包括用人单位所属行业，它的企业文化、发展沿革、组织结构、企业运作模式、薪酬水平、员工稳定性、发生的关键事件，以及他们期望职工在这个特定的岗位上应该具有的素质，还包括该用人单位的招聘具体要求、面试流程等。这些信息可以从企业网站、求职网站、学校网页中的招生就业模块、大型招聘会、与相熟朋友的了解，以及一些专业贴吧的面试经验分享等中获取。对这些信息了解得越全面、深入，面试的针对性就越强，面试的成功率就越高，也更加容易找到自己喜欢的工作。必要时，还可以提前去一次面试地点，以熟悉环境（甚至要搞清楚厕所的方位）。

三、有效地评估自身的实力

我们需要细读招聘简章，看“硬件”是否达标，看自己是否符合航空公司招聘的报名基本要求。这些基本要求包含专业是否对口、学历、英语水平、政治、身体及心理等方面是否达标、是否有相关的工作经验、是否具有某些特长、是否具有第二外语水平等。航空面试的体检环节也不容小视，需要自测是否达到航空公司给出的标准。例如视力是否达到要求、是否是 X 形腿或 O 形腿、身体有无明显疤痕和斑点、是否有腋臭、牙齿色质是否好且排列整齐、身体是否健康（包括有无慢性病、家族遗传病、肝功能正常度等）等。

四、制作完美的自荐材料

一份好的自荐材料是敲开面试之门的金钥匙。在用人单位还未接触到本人之前，只有通过自荐材料来了解并进行初步筛选。

自荐材料包括求职信、求职简历等，这些材料在如今发达的网络中，都可找到相关的模板。重要的是，我们如何针对企业需求制作良好的自荐材料，并在此材料中完美地展现自我。例如，在求职简历中，主要的信息为一些个人基本资料、本人经历（包括学习、实习以及工作经历）、所获荣誉以及本人特长。信息虽多，但我们需言简意赅，最好用框架式的语言进行呈现。荣誉以及兴趣爱好虽多，但我们需要有取有舍，应当选择与求职单位的求职岗位最贴切的以及最具有影响力的。当今众多国内外航空公司对英语的要求较高，国内有些航空公司对于拥有全国大学生英语四级、六级证书的人会优先录取，当你拥有这些英语证书的时候，不要忘记充实进你的自荐材料中。当然，我们要时刻牢记诚信，不得在自荐材料中出现虚假的内容。

个人简历模板、求职信封面模板分别如图 6-1 和 6-2 所示。

图 6-1　个人简历模板

图 6-2　求职信封面模板

五、设计良好的个人形象

在面试中，个人的装饰、打扮总是有意无意地影响着他人对你的感觉。

面试前，挑选一至两套适合于自己的服饰，这会为面试加分。一般说来，服饰要给人以整洁、大方的感觉，穿着应以保守、庄重为好，只要穿着合体、舒服，使自己充满自信就可以了。

此外，应聘时不宜佩戴太多的饰物（作为学生，就应体现学生的身份）。女士的装束以朴实、庄重为好，男士则以整洁、干练为好。

女士可以选择正规的套装或套裙，应遵守三色原则。套裙以膝盖上下 1~2 厘米为宜，穿连裤丝袜，配一双中跟皮鞋。可以配一个小巧耳环或胸针，切忌有太多的饰物。

发型文雅、庄重、梳理整齐，长发须盘发，发色以黑色为佳，不能染鲜艳的颜色。化淡妆，不留长指甲，不涂指甲油。男士可以选择西装，以毛料的深色西装为宜，也应遵守三色原则。可以配一双黑色皮鞋、一双深色袜子和一条领带。西装要平整、清洁、有裤线；西装口袋里不放任何东西；必须拆除西装商标。面试前应理发、修指甲、刮胡子、去鼻毛，务必处理好这些细节。

航空公司的制服或类似服装、正装如图 6-3 和 6-4 所示。

图 6-3　航空公司的制服或相类似的服装

图 6-4　正装

六、调整最佳的面试心态

面试的最佳结果，是面试官全面而准确地了解到了考生的优势所在，这是每一位面试者梦寐以求的结果。但在面试的特定情景中，多数的面试者是一半醒、一半醉，经常是面试远未开始，多数的面试者就已进入这种沉闷的自我混乱状态之中了。原因是多方面的，主要是由于认知的偏差，以及焦虑、恐惧等莫名的情绪引起的。在面试前，明智的求职者就应该试着挖掘自己潜在的力量，用积极的心态来消除负面心理的影响，满怀信心地在未来的面试中一展自己的风采。面试前，不要自怨自艾、妄自菲薄，要多想想自己的优点和长处；对自己的面试结果要充满信心，保持一种积极、乐观进取的精神状态；摆脱焦虑，在心里暗示自己“由它去吧”，一旦你不再注意你身上的焦虑，焦虑状态便会自然而然地“要去便去”了。我们应该明白，竞争是众多的人在追求同一个目标，每次较量的结果，赢者只能是少数，可能大多数都不能如愿；成功有先后，胜利有迟早，不要把一次面试当作人生的转折点，而是当作一次模拟面试训练。这样，才能发挥得更加正常。

小知识补充

1. 空乘面试着装准备技巧

(1) 中规中矩。

(2) 物美价廉。

(3) 一尘不染。

(4) 平整如新。

(5) 纹丝不乱。

2. 空乘面试前饮食小贴士

在面试前的这段时间，切忌食用生冷、辛辣以及刺激性强的食物，以保证在面试时有良好的皮肤状态；要保持充分良好的睡眠，以饱满的精神状态迎接面试 。

3. 国内航空公司的招聘要求及面试流程

(1) 招聘要求

航空公司面试空乘服务人员的形象要求和其他报名条件：年龄一般为18~26岁，但也有的航空公司将年龄限制在22岁以下。五官端正、仪表清秀、身材匀称。女性身高164~173厘米，男性身高173~183厘米。口齿清楚，普通话标准。身体裸露部位无明显疤痕。无口臭、腋臭、皮肤病。走路无内外八字。听力不低于5米。无精神病史及慢性病史。学历要求一般，也有航空公司无此要求。要求英文流利或有基本的会话能力，其他小语种优先。准备两张二寸照片和一张四寸生活照片。填写履历表并带上学历证书和其他证明材料。

报考人员的着装要求：应着职业装，同时不要化浓妆，应着淡妆。男性最好穿长裤。

(2) 面试程序

① 到报名地点后，先交报名表，然后进行基本身体测量（身高、体重、视力）。

② 分组进行面试，一般 10 个人一组进入考场，每个报考人员进行简单的自我介绍（姓名、年龄），然后走出考场等候下一步的面试通知，没得到再次面试通知的人员被淘汰。

③ 第二次面试由考官单独面试。面试内容包括英文对话以及其他有关问题，内容比较详细。第二次面试结束后，在考场等候通知面试结果。有的航空公司可能还要安排第三次面试，或者进行笔试。

④ 身体初步体检，参加体检后，等待体检结果。

⑤ 体检合格后，一般还要进行公司有关领导参加的集体面试。面试中，会对参加面试的人员提出问题。大致内容与第二次面试基本相同，但是参加此次面试的人员会比较多，所以要求面试人员绝不能紧张，这是考验你的极好机会，是否成功可能就在此一举。

⑥ 专业体检。

4. 国外部分航空公司面试指南

(1) 新加坡航空公司

① 首先准备一份中英文简历。到考场后，工作人员会发给报考人员一篇广播词（英文的），经过稍微的准备后，接着 5 人一组进入主考官室，每人各念一段手里的广播词。考官主要是观察你的声音是否好听，口齿是否清晰，英文程度如何。

② 广播词念完后，考官会告诉你是否有下一次的面试。初试通过后，要交履历表和学校毕业证。

③ 复试：由两位主考官（新航主管）分别向每一位应试者问一些生活方面的问题或有关空姐工作的问题，甚至可能问一些容易使人生气的特殊问题，以此来观察应试者的反应，例如说“你的衣服看起来怪怪的”、“你的表现不够当一名空姐”等令你比较反感的问题。这些问题主要考验应试人员的心理承受能力和处理特殊情况的能力。

④ 复试结束后，考官会通知你是否参加下一次面试。

⑤ 第三次面试：此次由 4 位考官考察一位应试者，以聊天的方式问一些生活问题。面试通过者到更衣室换上新航的制服，在考场走一圈、转一圈，看看体形线条是否好看，姿态是否优美。面试结束后，现场会当时通知结果。

⑥ 游泳测验：游泳距离为 50 米，任何泳姿都可以，在有条件的饭店举行。

⑦ 茶会：分成 4 组，一组约 10 个人，酒会方式。餐桌上有茶点供全体参加面试的人员享用，4 位主考官轮流提出问题，与大家聊天，目的在于了解你的团队精神，以及与其他人

相处的能力，并要求应试者提出问题，时间大约4小时。结束后，当时就通知是否被录取。

(2) 德国汉莎航空公司

① 填写一份中英文履历表。

② 考官每人发一份英文考卷，答完考卷后结束当天的面试，等候第二次的面试通知。

③ 第二次面试主要以英语会话为主，考官提一些生活上的问题，同时还会问一些有关航空服务的问题，例如，如何对带小孩的旅客进行服务，对带小孩的旅客在服务时应注意的事项；航班飞行途中，你发现有的旅客在厕所内吸烟，你将如何处置？夜航飞行时，有一名旅客的孩子一直哭闹不停，你将如何处置？

(3) 大韩航空

① 初试，去面试地点拿号码牌，然后10人一组进房间，按地上的箭头走一圈，而后进行自我介绍(全程都是用英语)。面试的有一个大韩的中国籍CC和一个类似大韩领导的人，介绍完毕后，就是那个CC问问题，有的是一个人回答一个问题，有的是2~3个人回答同一个问题。初试结束，等待复试通知。

② 复试：先是签到，然后开始量身高，接着是一对一的英文测试，就看你口语好不好，问的问题一般比较简单，不用很担心，还需要读一段英文广播词。

然后5人一组，到另一个房间进行面试，有3个面试官，貌似职位比较高的样子，他们会问些问题，接着他们会仔细地看下你的额头。之后就可以回家等通知了。

(4) 全日空航空

① 填表交照片。无论是证件照还是全身照，都要拍得够让日本人看中，笑容是必不可少的，化妆更是必不可少的。

② 笔试。考的是类似托业的试题，还有简单的计算。

③ 复试——见日本考官的小组讨论。一男一女的日本人，一开始他们就会用很期待、很亲切的目光看着你。

④ 体检。

(5) 阿联酋航空

① 介绍迪拜和EK，提问环节。

② 小组讨论。一般10~15人一组，大家围坐，由考官任意提问。

③ 笔试。EK的题目较难，作文是练习的重点。

④ 折纸。具体折什么，每次面试不一样，例如会让你折飞机。

⑤ 专业小组讨论。此讨论中，会问到一些跟空乘服务相关的问题，也可能会设置一些服务的场景进行提问。

⑥ 心理测试。此环节是面试者回去后 online 完成的，全英文的，题目较多。

5. 空姐面试体检流程

(1) 身体初检

医生检查应聘者身上是否有体毛和伤疤、文身等。测量身高(拖鞋和头顶为准)、色盲检查、蹲(查看腿和身体的平衡度)。

(2) 专业体检

各选区经过目测、笔试后，通过的选手进入体检阶段。体检分两部分，一部分是民航专业体检，由航空公司招飞体检队负责检查把关，另一部分是辅助体检，在指定医院进行。体检主要是内科、外科、五官科检查。内科检查除了心、肺、血压等的常规检查外，还要进行较为严格的神经系统的检查，检查中，医生用仪器触碰选手的相关部位。选手还要两脚前后、脚尖顶脚跟地站立，闭目、双臂前伸与地面平行，并保持一定时间。

6. 面试心态调节方法

(1) 负面心态：过于兴奋

① 在睡前沐浴时放声歌唱。因为大声唱歌时需要不停地深呼吸，这样不但可以让你得到放松，而且能使心情愉悦。

② 在白天时做一些适当的运动，能让身心得到释放，但注意，睡前两小时内不要做剧烈运动。

③ Relax-Calm-Empty 睡前三部曲。Relax 即全身放松，不但要放松手脚、每块肌肉，而且要放松到舌头和头发丝；Calm 即让自己平静下来，可以在这个阶段想象一个山清水秀、小溪潺潺的地方；Empty 即最后一步，放松、平静到什么都不要想，自然就能安睡了。

(2) 负面心态：过于紧张

① 睡前听一些曲调委婉、节奏舒缓的轻音乐。

② 晚餐不能吃得太饱，睡前吃一块小甜点、喝一杯牛奶。

③ 洗个痛快澡或者泡个热水脚。

④ 轻轻用手指和指腹按摩头皮、前额和后脖颈处。

⑤ 腹式呼吸法有助于睡眠。不会腹式呼吸法也没关系，平躺在床上，身体呈自然放松状态，轻轻阖上双眼，什么都不要想，做 8~10 个深呼吸也有助于睡眠。

练习题

1. 面试前充分准备的意义有哪些？

2. 为什么面试前需要了解用人单位信息？包含哪些内容？

3. 为你的面试有针对性地设计一份个人求职简历。

4. 设计你的面试形象。

5. 你认为调节面试心态的方法有哪些?

6. 国内外航空公司招聘面试有哪些异同?

第二节 面试训练

面试已经成为当前社会中人们的必修课之一。也许面试只有几分钟，可是在面试前，很多人都付出了几百分钟甚至上万分钟的努力训练。面试前的训练至关重要，采用科学的方法、得当的训练时间和强度，能够帮助走向面试的成功。

案例 2

在一家中外合资公司应聘面试时，通过道道关卡，最后只剩下一男一女。经理是外国人，他在与这两位求职者闲聊时，随便问了两个问题。

“会打羽毛球吗？”男的说：“会。”女的是不错的羽毛球选手，却答道：“打得不好。”

“给你们一辆小轿车，有没有把握学会驾驶？”男的说：“有。”女的则说：“做得不好。”

最后，经理录用了男性，淘汰了女性。对她的评价是：有自卑情绪，缺乏自信心，无法胜任本职务。那个男的就是凭“会”、“有”这两个字，轻而易举地击败了对方，取得了求职的胜利。

一、面试表情训练

现代心理学家认为，情感的表达是人们保持正常交往的纽带，它主要通过言语、声音、表情方面来完成，并总结了如下所示的一个公式：

感情表达 = 言语 (7%) + 声音 (38%) + 表情 (55%)

可见，表情在人与人的交往与沟通中占有相当重要的位置。表情是指人的面部情感，是人们心理活动的外在表现。商务人员在表情方面应具备较强的自我约束力和控制力。目光和微笑是求职者面部表情的核心，恰当地运用目光和笑容，会给考官留下美好的印象，有助于完成更礼貌的面试。

（一）微笑训练

美国著名的希尔顿集团的董事长在谈及企业成功秘诀时，自豪地说：“是靠微笑的影响力。”因此，他经常问下属的一句话便是“今天，你对顾客微笑了没有？”

微笑在人类各种文化中的含义是基本相同的，是真正的“世界语”，能超越文化而传播。

它表现着友好、愉快、欢喜等情感，如图 6-5 所示。

图 6-5　甜美的微笑

不同微笑训练的具体要求如下。

(1) 略带笑容，不显著、不出声，热情、亲切、和蔼，是内心喜悦的自然流露，而非傻笑、抿嘴笑、奸笑、大笑、狂笑等。

(2) 微笑时，嘴巴不张开，上、下牙齿均不露出，也不发出声音，是一种不露齿的笑，仅仅是脸部肌肉的美丽运动。

(3) “一度”微笑要求只牵动嘴角肌，适于初次见面时。“二度”微笑要求嘴角肌、颧骨肌同时运动，适用于交谈进行中。“三度”微笑要求嘴角肌、颧骨肌与其他笑肌同时运动，是一种会心的微笑，适用于面试结束时，一般以露出 6~8 颗牙为宜。

（二）目光训练

眼睛是心灵之窗，眼神能准确地表达人们的喜、怒、哀、乐等一切情感。面试者应学会正确地运用目光，创造轻松、愉快、亲切的环境与气氛，消除陌生感，缩短距离，确立与考官良好的关系，如图 6-6 所示。

目光训练的具体要求如下。

(1) 正视交往对象的眼部。无论是问话还是答话等，都必须以热情柔和的目光正视对方的眼部，向其行注目礼，使其感到亲切、温暖。

(2) 视线要与交往对象保持相应的高度。在目光运用中，正视、平视的视线更能引起人的好感，显得礼貌和诚恳，应避免俯视、斜视。俯视会使对方感到傲慢不恭，斜视易被误解为轻佻。

(3) 据心理学家的研究表明，人们目光相互接触的时间，通常占交谈时间的 30%~60%。

视线接触时，一般连续注视对方的时间最好在 3 秒钟以内。

图 6-6　与面试官的目光交流

(4) 目光接触方向可分为三区。上三角区（眼角至额头），处于仰视角度，表示敬畏、尊敬、期待、服从等；中三角区（眼角以下面部），处于平视、正视的角度，表示理性、坦诚、平等、自信。下三角区（前胸），属于隐私区、亲密区，不能乱盯。视线向下，处于俯视角度，表示爱护、宽容。

二、仪态训练

仪态包括站立、行走、坐、手势等方面的姿态。姿态是人体的一种无声语言，不同的姿态，显示着人们不同的精神状态和礼仪教养。

考官对考生的评价，往往开始于对考生的仪态表现、言行举止的观察和概括。一些不雅的言行举止，就是有失礼仪的表现，它会影响到一个人的自身形象。

所以，应聘者必须十分注意自己的仪态，举止应当端庄稳重，落落大方，自然优美，以体现良好的素质和教养。

（一）站姿训练

也许有的应聘者认为，在短短的十几分钟面试时间里，并不需要专门展示自己的站姿。的确，我们不要求考生像军人站军姿那样要求自己，但是，如果平时过于懒散，在面试时的一举一动稍不注意就会给考官留下不好的印象，让自己的竞争对手有机会胜过自己。所以，应聘者还需严格要求自己。

1. 女士

两脚展开约 30 度，左脚在前，将左脚跟靠于右脚内侧后三分之一处，呈“丁字步”；两手自然并拢，大拇指交叉，右手放在左手上，轻贴在腹前；身体直立，挺胸收腹，身体重心可放在两脚上，也可放在一脚上，通过重心移动减轻疲劳。女士“丁字步”站姿如图 6-7 所示。

2. 男士

两脚平行分开，两脚之间距离不超过肩宽，两手手指自然并拢，右手搭在左手上，轻贴在腹部，双目平视，面带微笑；或两脚跟相靠，脚尖展开呈现 45 度，两手叠放在背后，双目平视，面带微笑。男士前腹式站姿如图 6-8 所示。

图 6-7　女士“丁字步”站姿

图 6-8　男士前腹式站姿

3. 训练方法

(1) 背靠背站立

两人一组，要求两人后脚跟、小腿、臀、双肩、脑后枕部相互紧贴。

(2) 顶书训练

在头顶上平放一本书，保持书的平衡，以检测是否做到头正、颈直。

(3) 背靠墙练习

要求脚后跟、小腿、双肩、脑后枕部均紧贴着墙，张开两臂，与肩成一条直线，感受扩肩的感觉。

（二）坐姿训练

坐姿也是举止的主要内容之一，是身体的一种静态造型。坐姿应给人文雅、稳重、自然、大方的美感。入座及离座时要轻稳，遵循左进左出的原则。入座时，臀部坐椅子的三分之二处，双目平视，下颌微收，面带微笑，双手放在两膝或桌子上（若有桌子）。离座时要自然稳当，右脚向后收半步，然后起立，起立后恢复站姿脚位。

1. 女士

(1) 正坐式

双腿并拢，上身挺直、坐下，两脚尖并拢，略向前伸，两手叠放在双腿上，略靠近大腿根部。要求上身和大腿、大腿和小腿都应当形成直角，小腿垂直于地面，双膝、双脚，包括两脚的脚跟，都要完全并拢，如图 6-9 所示。

(2) 曲直式

要求上身挺直，大腿靠紧后，向前伸出一条小腿，并将另一条腿曲后，两脚脚掌着地，双脚前后要保持在一条直线上，如图 6-10 所示。

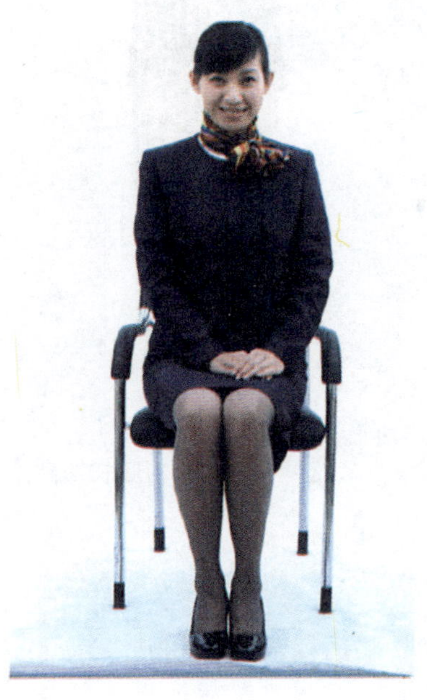

图 6-9　女士正坐式坐姿

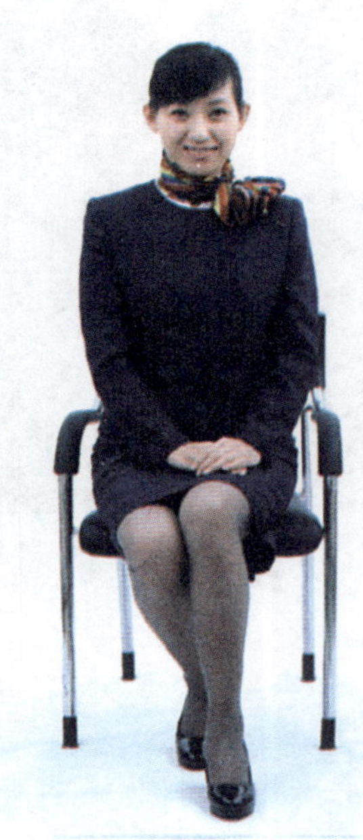

图 6-10　女士曲直式坐姿

(3) 正身重叠式

要求上身挺直，坐正，将双腿一上一下交叠在一起，交叠后的两腿间没有缝隙，犹如一条直线。双脚斜放在左侧或右侧，斜放后的腿部与地面成 45 度，双臂交叉支撑叠放在上面的腿上，特别要注意将上面的小腿回收，脚尖向下。如图 6-11 所示。

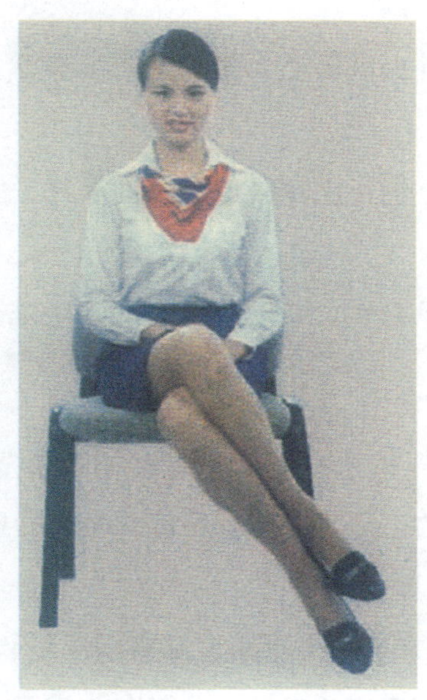

图 6-11　女士正身重叠式坐姿

注意：入座时，若是女士着裙装，应用手先将裙摆稍稍拢一下，然后坐下。

2. 男士

上身挺直、坐正，双腿自然弯曲，小腿垂直于地面并略分开，以不过于肩宽为宜。男性坐姿如图 6-12 所示。

图 6-12　男性坐姿

3. 训练方法

(1) 动作分解

以小组为单位进行练习，并分解坐姿入座的几个步骤等。

(2) 变化姿势

变换不同的站姿、坐姿，并通过深呼吸练习帮助提气、立腰。

(3) 音乐训练

坐姿训练每次不少于 15~20 分钟，并配以适当的音乐进行，减少训练的疲劳感。

（三）走姿训练

从步入考场，到走出考场，整个过程都在考官的观察范围之内。每个细节都会反映在自己的评分表上，潇洒和优雅的走路姿势能够体现一个人的风度和魅力，给自己赢得良好的印象分。

规范的走姿首先要以端正的站姿为基础。双肩应平稳，以肩关节为轴，双臂前后自然摆动，摆幅以前摆 25 度，后摆 15 度为宜。上身挺直，头正、挺胸、收腹、立腰，重心稍向前倾，提胯曲大腿带动小腿向前迈。脚尖略开，起步时，身体微向前倾，脚跟先接触地面，依靠后腿将身体重心送到前脚掌，使身体前移。行走时，步幅适当。

1. 女士

女士穿裙装时，步幅不宜太大，一般以一脚为宜。两脚内侧要落到一条线上，脚尖略向外开，两手臂自然摆动，幅度也不宜过大，胯部可随着脚步和身体的重心移动而稍左右摆动，体现出柔和、含蓄、典雅的风格。穿高跟鞋时，由于鞋跟较高，身体重心自然前移。为了保持身体平衡，必须挺胸、收腹、提臀，膝盖绷直，全身有挺拔向上的感觉。行走时步幅不宜过大，膝盖不要过弯，两腿并拢，两脚内侧落到一条线上，脚尖略向外开，足迹形成柳叶状，俗称“柳叶步”。女士每分钟行走 118~120 步。女士行走姿势如图 6-13 所示。

2. 男士

男士穿西服时，要注意保持身体挺拔，后背平正，走路的步幅可略大些，一般以一脚半为宜。男士应注意两脚间夹一条直线行走。手臂自然放松、伸直摆动，手势要简洁、大方，步态要求舒展、矫健。男士每分钟行走 108~118 步。男士行走姿势如图 6-14 所示。

3. 训练方法

(1) 直线行走

训练走直线，这是走姿训练的主要内容。训练时，在地面上绷直一条较长的颜色鲜艳的带子，行走时，双脚内侧要求落到带子上。

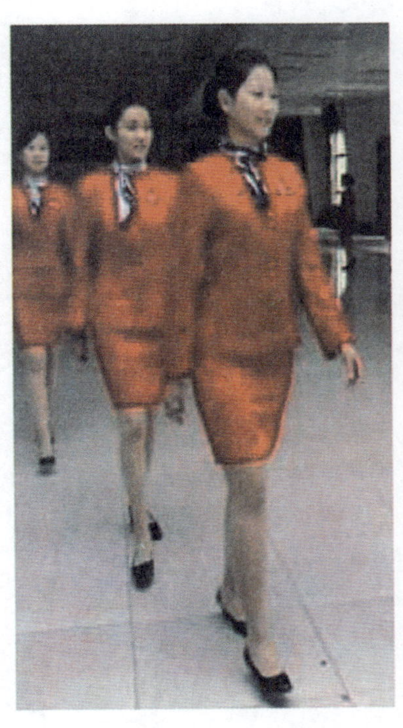

图 6-13　女士行走姿势

图 6-14　男士行走姿势

(2) 停连结合

训练停顿、拐弯、侧行、侧后退步。在走姿训练时可进行摄像，然后播放录像，使训练者了解自己的步态，再在教师指导下加以纠正。经过反复训练达到端正、轻盈、稳健、灵敏的标准。

（四）蹲姿训练

在日常生活中，人们对掉在地上的东西，一般是习惯弯腰或蹲下将其捡起。而身为应聘者，在面试中很可能会遇到招聘单位提出的蹲姿展示要求，或是设下问题，看应聘者对掉在地上的东西是否能采用正确的蹲姿捡起。

若用右手捡东西，可以先走到东西的左边，右脚向后退半步后再蹲下来。脊背保持挺直，臀部一定要蹲下来，避免弯腰翘臀的姿势。男士两腿间可留有适当的缝隙，女士则要两腿并紧，穿旗袍或短裙时需更加留意，以免尴尬。

1. 女士

(1) 基本蹲姿

下蹲拾物时，应自然、得体、大方，不遮遮掩掩；两腿合力支撑身体，避免滑倒；应使头、胸、膝关节在一个角度上，使蹲姿优美。女士蹲姿，要将腿靠紧，臀部向下。如穿裙装，两手交叠放于高低腿之间的裙边处，如穿裤装，两手交叠放于高腿上。如图 6-15 所示。

(2) 交叉式蹲姿

女士可采用交叉式蹲姿，下蹲时右脚在前，左脚在后，右小腿垂直于地面，全脚着地。左膝由后面伸向右侧，左脚跟抬起，脚掌着地。两腿靠紧，合力支撑身体。臀部向下，上身稍前倾。如图 6-16 所示。

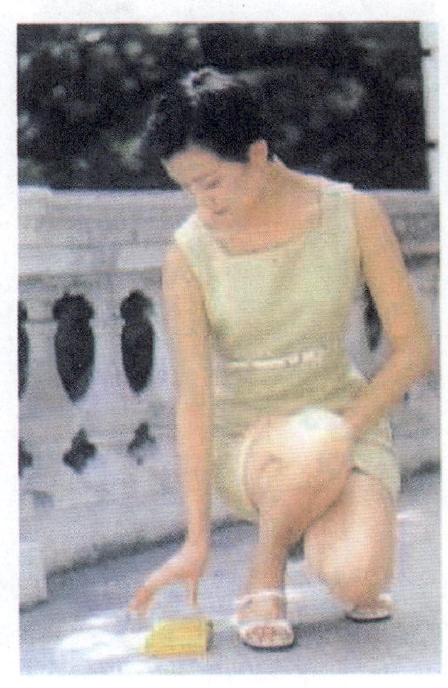

图 6-15　女士基本蹲姿

图 6-16　女士交叉式蹲姿

2. 男士

下蹲时左脚在前，右脚稍后，两腿靠紧向下蹲。左脚全脚着地，小腿基本垂直于地面，右脚脚跟提起，脚掌着地。右膝低于左膝，右膝内侧靠于左小腿内侧，形成右膝高左膝低的姿态，臀部向下，两手五指并拢，分别放于高低腿的大腿中部。如图 6-17 所示。

3. 训练方法

(1) 动作分解

以小组为单位进行练习，并分解坐姿入座的几个步骤。

(2) 与行姿结合

将行姿与蹲姿结合练习，并配合音乐。

图 6-17 男士蹲姿

（五）手势训练

手势是极富表现力的一种“体态语言”，是通过手和手指活动传递信息的，它作为信息传递方式，不仅远远早于书面语言，甚至早于有声语言。应聘者正确地掌握和运用手势，可以增强感情的表达，增加面试成功率。

手势的规范标准为：五指伸直并拢，注意将拇指并严。腕关节伸直，手与前臂成直线。做动作时，肘关节既不要成 90 度，也不要完全伸直，弯曲 135 度为宜。掌心斜向上方，手掌与地面成 45 度角，身体稍前倾，肩下压，眼睛随手走。如图 6-18 所示。

图 6-18 手势

三、语言训练

语言艺术是一门综合艺术，拥有丰富的内涵。一个语言艺术造诣较深的人，需要多方面的素质，例如，具有较高理论水平、广博的知识、扎实的语言功底。如果说外部形象是面试的第一张名片，那么语言就是第二张名片，它客观反映了一个人的文化素质和内涵修养。谦虚、诚恳、自然、亲和、自信的谈话态度会让你在任何场合都受到欢迎。动人的公关语言、艺术性的口才将帮助你获得成功。面试时，要在现有的语言水平上，尽可能地发挥口才的作用。对所提出的问题对答如流，恰到好处、妙语连珠、耐人寻味，又不夸夸其谈、夸大其词。

（一）自我介绍

当主考官要求你做自我介绍时，不要像背书似地发表长篇大论，否则会令主考官觉得冗长无趣。

做自我介绍时，首先要突出个人的优点和特长，并要有相当的可信度。特别是具有实际管理经验的，要突出自己在管理方面的优势，最好是通过自己做过什么项目这样的方式来叙述一下，语言要概括、简洁、有力，不要拖泥带水、轻重不分。重复的语言虽然有其强调的作用，但也可能使考官产生厌烦情绪，因此重申的内容，应该是浓缩的精华，要突出你与众不同的个性和特长，给考官留下一些难忘的记忆。

其次，要展示个性，使个人形象鲜明，可以适当引用别人的言论，如老师、朋友等的评论来支持自己的描述。

第三，坚持以事实说话，少用虚词、感叹词之类。

第四，要符合常规，介绍的内容和层次应合理、有序地展开。要注意语言逻辑，介绍时应层次分明、重点突出，使自己的优势很自然地逐步显露。

最后，尽量不要用简称、方言、土语和口头语，以免对方难以听懂。当不能回答某一问题时，应如实告诉对方；含糊其辞和胡吹乱侃是会导致失败的。

（二）与考官交谈

交谈是求职面试的核心。面试是与面试官交谈和回答问题的过程，在这个过程中，要根据自我介绍和交谈内容控制音量的大小、语速的快慢、语调的委婉或坚定，声音的和缓或急促，在抑扬顿挫之中表现出你的坚定和自信。不可装腔作势。交谈时要口齿清晰、发音正确，尽量使用普通话。讲话要言简意赅、通俗易懂。交谈过程中要注意掌握和控制语速和语调。交谈中还要注意谈话礼貌，不要打断对方的讲话，要集中注意力认真倾听。回答问题是面试交谈的重要方面，得体地回答面试官提出的问题是面试取得成功的关键，面试者要对面试官可能提到的问题有充分的准备。

小知识补充

1. 站姿训练中需要注意的问题

(1) 是否有歪头、斜眼、缩脖、耸肩、塌腰、挺腹、屈腿的现象。

(2) 是否有叉腰、两手抱胸或插入衣袋的现象。

(3) 是否有身体倚靠物体站立的现象。

(4) 是否有身体歪斜、晃动或脚抖动的现象。

(5) 是否面无表情，精神萎靡。

(6) 是否身体僵硬，重心下沉等。

2. 坐姿禁忌

坐时，尽量不要把椅子坐满，也不可坐在边沿上；不可坐在椅子上前俯后仰，摇腿跷脚；不可双手抱在胸前；不可跷二郎腿；不可抖腿；也不要半躺半坐。

在考场上，考生面前如摆放有桌子，考生坐下后，可以自然地将手放在桌子上，但是注意不要有小动作，切忌做出转笔、拧手指等一系列小动作。

3. 行姿练习注意事项

走路时不要身体前俯、后仰，或两个脚尖同时向里侧或外侧呈八字形走步，或步子太大 / 太小，或双手反背于背后，或身体乱晃乱摆。

4. 蹲姿禁忌

弯腰捡拾物品时，两腿叉开，臀部向后撅起，是不雅观的姿态。两腿展开平衡下蹲，其姿态也不优雅。下蹲时注意内衣“不可以露，不可以透”。

5. 应试者回答问题的技巧

(1) 把握重点，简捷明了，条理清楚，有理有据。

(2) 讲清原委，避免抽象。

(3) 确认提问内容，切忌答非所问。

(4) 有个人见解，有个人特色。

(5) 知之为知之，不知为不知。

6. 应试者面试技巧

技巧一：自我介绍不超 2 分钟。

技巧二：强调温馨和睦的家庭氛围。

技巧三：用乐群性爱好点缀形象。

技巧四：不忘本，令考官难忘。

技巧五：座右铭与应聘行业相关。

技巧六：说与工作“无关紧要”的缺点。

技巧七：尽量回避待遇问题。

技巧八：遇到提问陷阱采用迂回战术。

技巧九：回避回答对上级具体的希望。

技巧十：尽量体现机智、果敢和敬业。

7. 空乘英语面试问答小集锦（英汉）

CONVERSATIONS 会话

(A=Applicant I=Interviewer)

Dialogue 1

I: What made you decide on this type of occupation?

A: Oh, to tell you the truth, I love the sky. When I was a child, I imagined flying into the blue sky some day. Now, I think the day has come. My dream will come true. And I like travelling very much and I enjoy working with people.

I: Can you make yourself understood in English without too much difficulty?

A: Yes, I think I am quite fluent in English. I got the certificate of the Secondary English Training last month.

I: Do you know what the responsibilities are for a stewardess?

A: The main responsibility of the stewardess is to make the passengers relaxed and happy during the flight. And good service is also important.

I: Are you in good health?

A: I just had a complete physical examination and I am in top condition.

I: Have you had any nursing experience?

A: Yes, I have two years of nursing experience, and now I am working as a nurse in a hospital.

I: How tall are you? What about your eyesight?

A: My height is one meter and sixty-eight centimeters. I've never had any vision problems.

I: What would you say are your strengths and weaknesses?

A: One of my strengths is my friendliness and open-minded attitude and also I think I have a warm personality. But sometimes, I find it is hard to tell others when I don't like what they are doing.

I: If a passenger can't understand what you say, what should you do?

A: I'll try to speak in another language or I'll try my best to use gestures and draw pictures.

I：什么原因使你决定投身这个行业呢？

A：哦，说真的，我非常喜欢蓝天。小时候我就梦想自己有一天能飞上蓝天，现在我想这一天已经到了，我的梦想要实现了。而且我非常喜欢旅游，喜欢和人打交道。

I：别人容易明白你说的英语吗？

A：可以，我想我的英语很流利，上个月我拿到了中级英语培训证书。

I：你认为对空姐来说，主要的职责是什么？

A：主要职责就是让乘客在飞行途中能放松、快乐，而且好的服务也是很重要的。

I：你现在身体很好吧？

A：我刚做了一次全面的体检，身体状况很好。

I：你有护理经验吗？

A：有，我有两年的护理经验，现在我就在一家医院当护士。

I：你有多高？你的视力如何？

A：我身高 168cm，视力没问题。

I：你认为你的优点和缺点是什么？

A：我的优点之一就是待人非常友好、开朗，还有我的性格温和。但有时候，我发现很难告诉别人我不喜欢他们的所作所为。

I：如果有乘客听不懂你说的话，你该怎么办？

A：我会试着说另一种语言或者打手势、画图。

Dialogue 2

I: Tell me about yourself and your past experience.

A: For the past 3 years， I have been working in China East Airlines Corporation Limited. I'm very tolerant of people and have been told that this is one of my strengths. I feel I have a lot to offer as a team member.

I: Why are you interested in this occupation?

A: It's always been my dream to be a stewardess. And I like travelling to different places.

I: What do you think is the chief characteristic for a stewardess?

A: Well, a stewardess should be friendly, courteous, patient and treat passengers kindly and politely.

I: Do you get angry easily?

A: No, I know how to control my temper.

I: If a passenger had an accident, what would you do?

A: I would give him or her basic first aid and ask my partner to call for assistance at the same time.

I: If you are hired, when can you start work?

A: I can begin to work right away because I am out of work now.

I: What are your salary expectations?

A: I really need more information about the job before we start to discuss salary. I'd like to postpone that discussion until later. Maybe you could tell me what is budgeted for the position and how your commission structure works.

I：说说你自己和你过去的经历。

A：过去三年我一直在中国东方航空有限公司工作。我待人宽容，别人都说这是我的优点。我想作为团队一员，我能做出很多贡献。

I：你为什么对这个职业感兴趣？

A：成为一名空姐一直是我的梦想，而且我喜欢到各地旅游。

I：对空姐来说，你认为主要应该具备的品质是什么？

A：空姐应该待人友好、有礼貌、有耐心，对顾客和蔼、彬彬有礼。

I：你容易生气吗？

A：不，我知道怎样控制自己的脾气。

I：如果有乘客发生意外，你会怎么办？

A：我会为他/她做基本的急救，同时让同伴寻求救助。

I：如果你被录用，什么时候你能开始工作？

A：因为我目前没有工作，所以随时都可以。

I：你希望拿多少薪水？

A：在讨论薪水前，我需要更多了解这份工作。我希望迟点讨论这个问题，或者你可以告诉我这个职位的预算薪酬是多少，贵公司的佣金制度是如何运作的。

练习题

1. 为什么面试中表情语言非常重要？
2. 请演示不同程度的微笑。
3. 请列举3种以上的不良站姿，并谈谈正确站姿的要求以及你如何练习。
4. 女士有哪几种坐姿？请分别演示。
5. 以小组为单位，对每个人的行姿及蹲姿进行录像，发现优缺点，并互相点评。
6. 以小组为单位，分别扮演考官及应聘者，进行自我介绍及面试问答的练习。

第七章

日常礼仪

在日常生活中注意一些社交礼仪知识，会帮助人们在与他人交往中起到协调关系、使交往更加融洽的作用。

本章将介绍一些常见的日常礼仪知识。

第一节　着装的基本原则

服装是一种无形的礼仪。衣着不仅是用来御寒的，同时也是一种文化，能反映出国家和民族的经济水平，以及物质文明和精神文明发展的程度，也能反映一个人的社会地位、文化品位、审美意识和生活态度。因此，必须按自身的特点及特定场合，穿着适当的服装，表现和谐美，产生无形的魅力。适宜的打扮是对他人的一种尊重。

一、着装 的 TPO 原则

什么是 TPO？是指时间、地点、对象的英文缩写 (Time、Place、Object)。对于上班族来说，在办公区、社交场合、休闲场所，着装是有区别的，不能雷同。

(1) 办公区：服装应庄重保守、端庄大方，不能强调个性、过于时髦。例如吊带装，吊带裙、超短裙、低胸装、露背装、夹克装、牛仔装、运动装、健美裤、背心、短裤、旅游鞋和凉鞋，皮拖、无袖衬衫都不适合在办公区内穿，否则不严肃、太随便、不规范。最好穿套装、正装、套裙或西服。

(2) 社交场合：主要指宴会、舞会、晚会、聚会等应酬交际场合。服装应突出时尚个性，可穿时装、礼服或民族服装，最好不要穿制服或便装。

(3) 休闲场所：穿着应舒适、自然，忌正规。

在正式场合，男士应穿深色西装和白衬衫、打素色或条纹式领带、配深色袜子和黑色系带皮鞋。女士则须穿深色西装套裙和白衬衫，配肉色长筒丝袜和黑色高跟或半高跟皮鞋。所有衣扣要扣严，不能挽起袖管或裤角，衣袋或裤兜里不宜装过多的东西，西服内不要穿羊毛衫。

色彩搭配：色彩不宜过多，不能超出三种颜色。

服装选择：风格很多，例如华贵、淑女、青春、时尚、前卫。但不能违背 TPO 原则。

二、服装是女人的钟爱

西方女性更追求舒适、自由的生活，比如在穿的方面，她们不会很刻意地追求一些时尚的潮流，而改变自己的品位。她们并不在乎品牌的效应，但懂得如何去装点，很多人穿着旧衣服，但一条别致的围巾或项链，就给人非常时尚的感觉。如图 7-1 所示。

下面给出关于穿衣的一些忠告。

(1) 为名利而买衣服，可以根据下面三个原则选择，不符合其中任何一种，都不要掏出钱包：你喜欢的、你适合的、你需要的。

图 7-1 和谐搭配展现美

(2) 不要太注重品牌，否则往往会让你忽视内在的东西。经典很重要，时髦也很重要，但切不能忘记匠心独具的重要性。

(3) 一件品质精良的白衬衫，是你衣橱里不可缺少的，它可以千变万化。

(4) 应该花些时间和精力在服装搭配上，用 10 件衣服穿出 20 款搭配，还可以锻炼出自己的审美品位。

(5) 即使你的衣服不是每天洗，但在条件许可的情况下，也应当每天更换一次。这比一套衣服连着穿一个星期会感到更整洁、更有条理。

(6) 选择精致材质的保暖外套，里面则穿上轻薄的毛衣或衬衫，这样的国际化着装将会越来越流行。

(7) 所谓的流行，就是穿出自己的性格，这才是真正的流行。衣服和丈夫一样，适合自己的才是最好的。

(8) 无论在色彩上，还是在款式细节上，相近元素的使用，虽然安全，但却平淡；适当运用一点对立元素，巧妙结合，会事半功倍，产生奇妙的效果。

(9) 盛情的晚宴或 party 总是会流行的，但出场时全身意外的亮点不要超过两个，否则还不如一个都没有。

(10) 学会将简单的与复杂的、便宜的与贵的、新的与旧的衣服搭配起来的原则。

(11) 要有判断流行趋势的能力，但不要盲目跟风。能预测潮流固然好，却不要失去自己的风格。要点在于买的经典衣服耐穿、耐看，同时加入一些潮流元素，不至于太沉闷即可。

(12) 重视佩件，衣服仅仅是第一步，认为佩件可有可无的认识是没有品位的。要相信，小佩件是绝对可以提升你魅力的。

(13) 不要让你的衣柜变成色彩的王国。选择白色、黑色、米色的基础作为日常着装的主色调，而在饰品上活跃色彩，有助于建立自己的着装风格，给别人留下明确的印象，而且色彩上不会冲撞，也可以提高衣服的搭配指数。

案例：违背环境

曾经见过一个全身穿着保暖内衣的人招摇着上了香山。我不能否认那样的确很舒服，攀登起来很轻便，但是无论怎样，它是应该穿在家里的。再如，夏天傍晚的时候，穿着睡衣出门遛弯的人比比皆是，但无论怎样“盛行”，都是错误的。应该引起注意，调整自己不恰当的穿衣习惯，尊重环境、尊重他人。

练习题

1. TPO 的含义是什么？
2. 简述 TPO 着装基本原则。
3. 办公区禁止穿哪类服装？

第二节　饰 物 搭 配

现在市场上饰品丰富多彩，每一件货真价实的饰品，无论款式、色彩、还是质地都非常精美，是女性穿衣戴帽的“常备品”。但是，如何巧妙运用好这些饰品为自己的服装增加靓丽，提高美感，让饰品在我们身上发挥最大的作用，依然是需要学习的。

在较为正规的场合使用饰品时，务必要遵守其使用规则。这样做的好处是，既能让饰品发挥其应有的美化、装饰功能，又能合乎常规，在选择、搭配、使用中不至于弄出洋相，被人耻笑。

一、饰品

(1) 数量规则

戴饰品时，数量上的规则是以少为佳。必要时，可以连一件首饰也不戴。若有意同时佩戴多种首饰，其上限一般也不超过三件。若不是新娘子的话，除耳环、手镯外，最好同类首饰不要超过一件。

(2) 色彩规则

戴饰品时，色彩的规则是力求同色。若同时佩戴两件或两件以上首饰，应使其色彩一致。

戴镶嵌首饰时，应使其主色调保持一致。千万不要使所戴的几种首饰色彩斑斓，把佩戴者打扮得像一棵“圣诞树”。

(3) 质地规则

戴首饰时，质地上的规则是争取同质。若同时佩戴两件或两件以上首饰，应使其质地相同。戴镶嵌首饰时，应使其与被镶嵌物质地一致，总体上显得协调一致。另外还须注意，高档饰物，尤其是珠宝首饰，多适用于隆重的社交场合，但不适合在工作、休闲时佩戴。

(4) 身份规则

戴首饰时，身份上的规则是要令其符合身份。选戴首饰时，不仅要照顾个人爱好，更应当使之服从于本人身份，要与自己的性别、年龄、职业、工作环境保持大体一致，而不宜使之相去甚远。

(5) 体型规则

戴首饰时，体型上的规则是要使首饰为自己的体型扬长避短。应充分正视自身的形体特色。避短是其中的重点，扬长则须适时而定。

(6) 季节规则

戴首饰时，季节上的规则是所戴首饰应与季节相吻合。一般而言，季节不同，所戴首饰也应不同。金色、深色首饰适于冷季佩戴，银色、艳色首饰则适合暖季佩戴。

(7) 搭配规则

戴首饰时，搭配的规则是要尽力使首饰与服饰协调。佩戴首饰应视为服装整体上的一个环节。要兼顾同时穿着的服装的质地、色彩、款式，并努力使之在搭配、风格上相互呼应。如图 7-2 所示。

图 7-2　巧妙搭配饰品

(8) 习俗规则

戴首饰时，习俗上的规则是遵守习俗。不同的地区、不同的民族，佩戴首饰的习惯做法多有不同。对此一是要了解，二是要尊重。戴首饰不讲习俗，是万万行不通的。

二、香水

(1) 作用：可以掩盖不雅的体味、产生愉快的心情，是对自己和他人的尊重。

(2) 香型：淡雅清新。

(3) 位置：皮肤上脉搏跳动的部位，耳后、臂内侧、腕部、膝后，或者衣服上。

(4) 忌讳：味道浓重、涂在汗腺发达处或阳光直射处。

品牌香水如图 7-3 所示。

图 7-3　品牌香水

练习题

1. 根据饰品佩戴的规则，身上最好不超过多少件饰品?
2. 针对饰品佩戴，运用色彩时应遵循哪些规则?
3. 使用香水的作用是什么?
4. 喷洒香水的方法及注意事项。

第三节　电 话 礼 仪

作为一名职场人，良好的电话沟通形象可以体现个人的专业素养、业务能力、文化素质、气质风度、礼仪修养以及所在公司的形象。因此，在接打工作电话时，应注意以下事项。

一、在打电话前的整理

在打电话前，将要说的事情整理出来。如果是简单的事情，在头脑中稍加整理即可；

复杂且重要的事情，就要预先在本子上列一个提纲，以使谈话充满条理性。电话拨通后，要确认对方身份并报上自己姓名，并询问对方接听是否方便。千万别快速地自说自话，完全不考虑对方正在开会或会见重要客人。接听电话的礼仪如图 7-4 所示。

图 7-4　接听电话的礼仪

二、接听电话的技巧

(1) 重要的是第一声。

(2) 要有喜悦的心情。

(3) 清晰明朗的声音。

(4) 迅速准确地接听。

(5) 了解来电话的目的，必要时做好笔记。

(6) 挂断电话前要有礼貌。

三、选择最佳通话时间

(1) 善于规避时间。

(2) 因人而异。

(3) 征询对方意见。

练习题

1. 简述接听电话时的基本礼仪。

2. 简述为什么说给他人拨打电话要选择最佳时间。

第四节 公共礼仪

作为一个社会公民，在享受国家资源，乘坐公共交通工具（如自行车、地铁、公交车、飞机、火车）时，做到礼貌让人、文明乘车、遵守交通秩序，是每个出行者的义务。

保护环境，爱护公物，保持卫生，让社会变得更加有序、更加文明、更加舒适，可以体现社会文明进步和公民教养的程度。自觉维护公共秩序，遵守公共道德意识，营造良好和谐的人际关系和高质量的生活环境，是我们应尽的责任。

一、普通公民礼仪

无论使用什么样的交通工具，都应自觉遵守秩序，在众人面前应当做到如下几点。

(1) 不要大声喧哗。

(2) 不要大声接听电话。

(3) 不要大声谈论个人隐私。

(4) 不要大声说笑打闹。

(5) 不要大声播放手中的 DV 或音乐节目。

(6) 不要向车窗外抛杂物。

(7) 不要占道、霸道，不要抢占座位。

(8) 不要损害公物，应保持环境卫生。

(9) 尊老爱幼，助人为乐。把座位让给最需要的人，如图 7-5 所示。

图 7-5 把座位让给最需要的人

二、行人交通礼仪

(1) 自觉行走便道。

(2) 老人及年长者先行、需要照顾的人先行。

(3) 过马路时，要走人行横道线，不闯红灯。

(4) 不随地乱扔果皮、杂物、烟蒂。

(5) 遇到熟人时，不站在马路中间闲聊。

(6) 行走时，不勾肩搭背或打闹，以免影响他人通行。

(7) 在工作中，职位高的先行。

三、骑自行车的礼仪

(1) 自觉行驶在自行车道，不逆行。

(2) 过马路时不抢红灯。

(3) 遇到行人要放慢速度，礼貌让人。

(4) 按规定存放，不占用盲人车道。

(5) 两人同行时，不勾肩搭背行驶。

(6) 不飙车，不制造危险。

四、乘坐自动扶梯的礼仪

(1) 按顺序进入扶梯。

(2) 靠右侧站立，让出左侧的快速通道，如图 7-6 所示。

图 7-6　让出左侧的快速通道

(3) 不勾肩搭背，保持安静。

(4) 协助照顾身边的老人、儿童。

五、乘坐电梯的礼仪

(1) 耐心等候。

(2) 先出后进。

(3) 面对门而立，不东张西望。

(4) 协助他人。

(5) 保持安静。

(6) 禁止吸烟。

六、乘坐地铁、公交车的礼仪

(1) 文明有序，排队上下车，如图 7-7 所示。

(2) 扶老携幼，主动让座。

(3) 不高声喧哗、打手机，安静乘车。

(4) 不吃东西，不乱丢垃圾。

(5) 禁止吸烟。

图 7-7　排队乘车

七、乘坐飞机的礼仪

(1) 提前办理登机手续，遵守候机秩序。

(2) 登机后安置好行李，对号入座。

(3) 友好相处，礼貌让人，创造良好的环境。

(4) 遵守安全规定，正确使用机上的设备。

(5) 保护客舱卫生，不光脚。

(6) 禁止在卫生间吸烟。

(7) 服从管理，尊重乘务员的工作。

八、乘坐火车的礼仪

(1) 提前到达火车站。

(2) 遵守秩序，依次剪票进站。

(3) 照顾老人、妇女和儿童。

(4) 礼貌交流，相互尊重。

(5) 保持车厢内安静、整洁、文明有序。

(6) 爱护环境，不乱扔垃圾。

(7) 用餐、喝水时注意个人仪态。

(8) 维护社会安全。

(9) 禁止吸烟。

九、酒店入住的礼仪

(1) 登记入住

① 进入酒店大堂，主动出示证件办理登记手续，如果需要门童帮助提拿行李，应礼貌地表示谢意，按规定付费。

② 在酒店大厅和走廊，不要穿着睡衣或泳装转来转去。

③ 酒店大厅要保持安静，如图 7-8 所示。不要大声说话和吵闹，不要乱跑乱跳。

(2) 客房的礼仪

① 爱护客房设施（标配：电话、电视、烧水壶、熨斗、吹风机、睡衣、拖鞋、毛巾、洗漱牙具），正确使用服务用品。

② 电视机音量不可开得过大，不可半夜洗澡，否则会影响他人休息。

图 7-8　酒店大厅应保持安静

③ “请勿打扰”标志的妙用：如果你要连续住上几天，不需要客房服务，可在门外面手柄上挂上“请勿打扰”标志。床单、毛巾和牙刷不必每天更换，即安全又环保，做一名受饭店尊重和欢迎的客人。

④ 注意保持地毯卫生，果汁饮料不要洒在地毯上，要将废弃物扔到垃圾桶内。

⑤ 禁止在床上或床边吸烟，避免引起火灾。

⑥ 保持洗手间的卫生，节约用水。淋浴时，将防水帘或淋浴房拉紧门，防止洗澡水溢出，打湿地面，导致跌倒受伤。

⑦ 对于电话订餐，用过的餐具要清理干净放在室外，便于服务员清理。

⑧ 对于客房内配备的有偿服务和免费服务的用品，使用前要看清、读懂说明。

(3) 离店的礼仪

① 使用国际或国内长途电话后，离开前，主动提前到前台结账。

② 如果不小心弄坏了室内物品，应主动提出，协商赔偿。

③ 不能随意把酒店物品放入自己的行李内带走，应当做酒店欢迎的顾客。

④ 无痕离房：离开酒店退房之前，要认真检查房间内有无遗漏物品；根据个人习惯对重点部位进行清理，如卫生间、床铺、保险箱等。做到房间内物品恢复原状，摆放整齐。如图 7-9 所示。

十、公园礼仪

(1) 遵守公园秩序，文明守序，园内不乱闯禁区。

(2) 不乱躺乱坐、霸占座椅，应规范穿衣，不光膀子，不光脚。

(3) 爱护文物古迹，不乱攀登、乱刻画、乱留言。

图 7-9　爱护酒店设施

(4) 不在禁区拍照、踩踏。

(5) 不乱丢果皮等垃圾。

(6) 爱护花草树木，不乱摘、乱折、践踏花草、攀登树木、攀登塑像。

(7) 在园内餐厅排队用餐、排队购物，要礼貌让人，讲究先来后到。

(8) 不说脏话，注意自己的形象，维护国家的形象。

练习题

1. 作为一名普通公民，在公共场合应遵守哪些社会公德？
2. 行人应遵守哪些交通规则？
3. 假如骑自行车，应该遵守哪些交通规则？
4. 一位受过良好礼仪教育的人，应如何在马路上行走？
5. 乘坐步行电梯时，不应有哪些失礼行为？
6. 乘坐地铁、公交车时，最不能容忍的行为有哪些？
7. 入住酒店后，应杜绝哪些失礼行为举止？
8. 住在房间内，应遵守哪些规定？
9. 是否可以将酒店客房服务用品随心所欲带走？
10. 进入公园后应该遵守哪些公共礼仪？

第五节 就餐礼仪

一、用餐礼仪

(1) 要轻声入座、轻声用餐。不用餐具指指点点，不敲打餐具，不高谈阔论，不在禁烟区吸烟。不要酗酒闹事，辱骂服务员。

(2) 西餐的座次。

① 女士优先。

② 恭敬主宾。

③ 以右为尊。

④ 距离定位。

⑤ 交叉排列（熟人、恋人、性别等）。例如：一位主人、一位客人交叉式入座。

(3) 餐巾的使用方法。

① 将餐巾对折成三角形或长方形，放在自己的腿部，如图 7-10 所示。

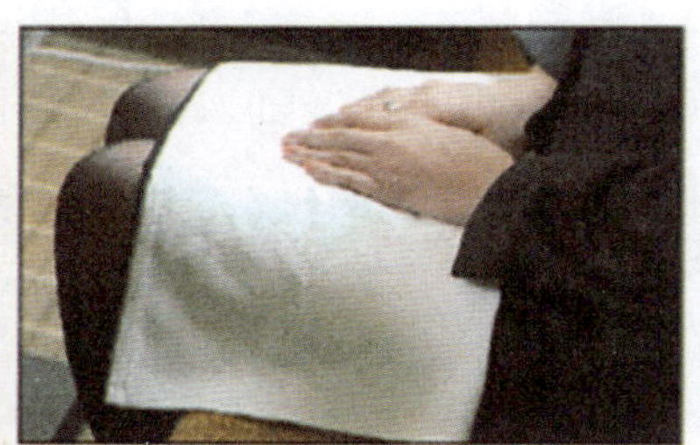

图 7-10　正确使用餐巾

② 餐巾万一不小心掉在地面上，应请餐厅服务员更换一条新的，如图 7-11 所示。

(4) 刀叉该如何拿？

刀叉的使用：应该右手持刀，左手持叉，使用时，刀叉齿朝下，以拇指与中指握住刀叉柄、食指下压，控制力度。

直接捡起来

请服务生代为捡起，并更换一条新的餐巾

图 7-11　正确处理餐巾掉地

① 切法

使用刀子切食物时，先将刀子轻轻推向前，再用力拉回并向下切，这样就不会发出刺耳的声音了，如图 7-12 所示。

图 7-12　正确使用刀叉

② 叉法

食品切割好后，用叉子插住食品，放入口中，切不可使用刀子。如图 7-13 所示。

③ 吃到中途离席，刀叉该如何摆放

应该把刀叉摆成八字形放置，刀口朝内、叉齿朝下。这样做表示因临时有事暂时离开。如图 7-14 所示。

图 7-13 正确使用刀叉进食

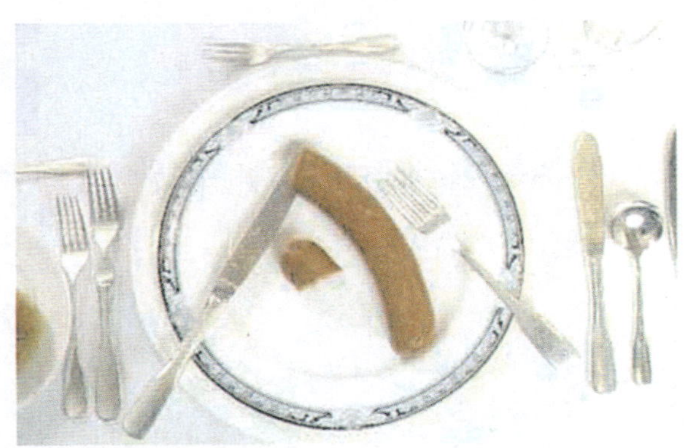

图 7-14 中途离开时的刀叉摆放

④ 吃完后，刀叉该如何摆放

把刀叉重叠，放置在右手侧，这样方便服务生收时，不至于因为刀叉碰撞而发出声响，或是刀叉意外掉落。如图 7-15 所示。

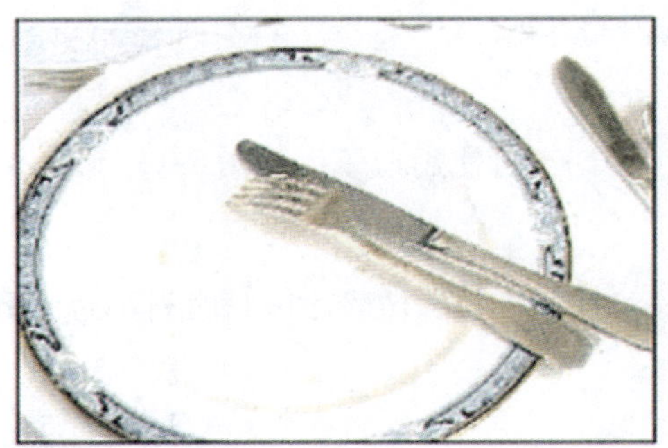

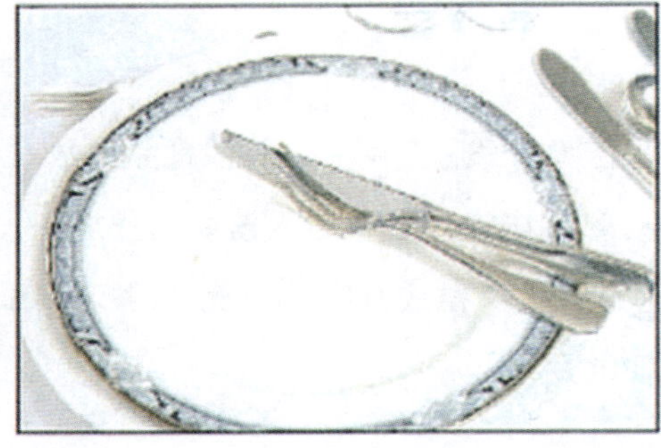

图 7-15 餐后刀叉正确摆放

(5) 喝汤的方法。

西餐的喝汤方法是用小勺子将汤舀起，送入口中，先用汤匙由后往前将汤舀起，喝到汤的底部时，将汤碗向身体外侧略微翘起，用小勺向外侧方向舀起碗里少量的汤。切不可端起汤碗直喝，否则有失大雅。如图 7-16 所示。

图 7-16　西式喝汤的方法

(6) 优雅地吃面包

通常，主菜没上桌前，服务员会先提供面包，放置在主菜左侧的上方，所以餐具左侧的面包是属于你的，不要拿错。吃面包时，直接在面包盘上剥开、涂抹黄油或果酱，否则离开面包盘，面包屑容易掉在桌面上，不易收拾。

黄油等的用法：

- 应把面包撕成小口后再涂黄油，一口量放入口中咀嚼。涂抹时要使用个人的黄油刀，如未附黄油刀，可使用料理餐刀。
- 有些餐厅会提供橄榄油，先把橄榄油倒少许在碟子里，面包同样撕成一小口，沾橄榄油而食。
- 也可以在用餐过程中，向服务员要面包，来沾取主餐的酱汁。

西式面包食用方法如图 7-17 所示。

图 7-17　西式面包食用方法

(7) 主菜该怎么切？

无论是香肠还是排骨类，都要切成一口大小食用，从左至右切。如图 7-18 所示。

图 7-18　切割食品的顺序

(8) 吃到不好吃的东西或骨头时，该怎么处理？

将骨头吐到餐纸上，这样才不会给他人带来难堪。

(9) 想擦嘴时该怎么办？

错误：用纸巾擦。

正确：要用餐巾擦拭，餐巾又分正反面，通常印有该店 Logo 的为正面，要用反折的内侧来擦，使内侧污迹不外露。如果整条餐巾都已经擦得脏兮兮的，就请服务员更换一条。

擦嘴的方法如图 7-19 所示。

(10) 暂时离席餐巾要放在哪里？

将餐巾放在座位上，如图 7-20 所示。

图 7-19　使用餐巾擦嘴

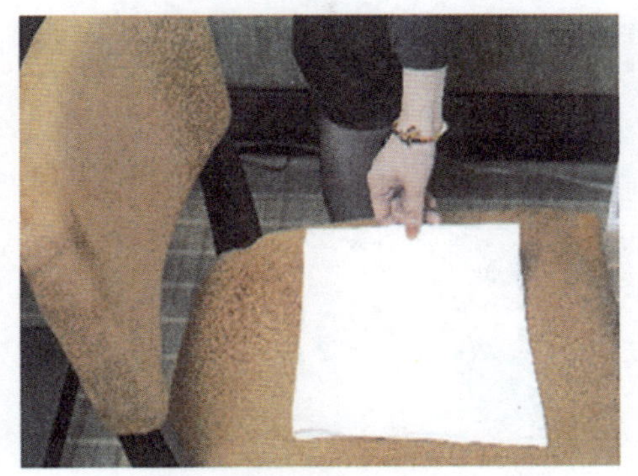

图 7-20　暂时离开座位时餐巾的摆放

(11) 用餐完毕准备离席时餐巾应该放在哪里？

应整齐叠好，放在餐盘的边上。如图 7-21 所示。

图 7-21　结束用餐时餐巾的摆放

(12) 酒杯的拿法，如图 7-22 所示。

手持酒杯杯柱的部分，举高约低于眼睛五公分左右

杯口如留有口红印，是不礼貌的，应趁人不注意，偷偷用手指擦掉唇印，再用餐巾擦手

图 7-22　拿酒杯的方法

二、自助餐礼仪

(1) 要排队取菜。

(2) 要循序取菜。

(3) 要量力而行。

(4) 要多次取菜。

(5) 要避免浪费。

(6) 要照顾他人。

(7) 要积极交际。

案例：钱是您的，资源是大家的

德国是个工业化程度很高的国家，说到奔驰、宝马、西门子，没有人不知道。在这样一个发达国家中，人们的生活一定是“纸醉金迷、灯红酒绿”吧。在去德国考察前，我们在描绘着、揣摩着这个国度。

到达港口城市汉堡时，我们习惯先去餐馆，驻地办事处人员免不了要为我们接风洗尘。走进餐馆，我们一行穿过桌多人少的中餐馆大厅，心里很疑惑：这样冷清清的场面，饭店能开下去吗？更可笑的是，一对用餐情侣的桌子上，只摆有一个碟子（里面只放着两种菜）、两罐啤酒，如此简单，是否影响他们的甜蜜聚会？如果是男士买单，是否太小气，他不怕女友跑掉吗？

另外一桌是几位白人老太太在悠闲地用餐。每道菜上桌后，服务生很快给她们分掉，然后被她们吃光。

我们不再过多注意她们，而是盼着自己的大餐快点上来。驻地的同事看到大家饥饿的样子，就多点了些菜，大家也不推让，大有“宰”一顿的意思。

由于餐馆客人很少，上菜很快，我们的桌子很快就被碟碗堆满，看来，今天我们是这里的大富豪了。狼吞虎咽之后，想到后面还有活动，就不再恋酒菜，这一餐很快就结束了。结果还有三分之一没有吃掉，剩在桌面上。结完账，个个剔着牙，歪歪扭扭地出了餐馆大门。

出门没走几步，餐馆里有人在叫我们。不知是怎么回事：是否谁的东西落下了？

我们都好奇，回头去看看。原来是那几个白人老太太，在与饭店老板叽哩呱啦地说着什么，好像是针对我们的。

看到我们都围来了，老太太改说英文，我们就都能听懂了，她在说我们剩的菜太多，太浪费了。我们觉得好笑：这老太太多管闲事！

“我们花钱吃饭买单，剩多少，关你老太太什么事？”同事阿桂当时站出来，想与老太太练练口语。听到阿桂这样一说，老太太更生气了，为首的老太太立马掏出手机，拨打着什么电话。

一会儿，一个穿制服的人开车来了，称是社会保障机构的工作人员。问完情况后，这位工作人员居然拿出罚单，开出50马克的罚款。这下我们都不吭气了，阿桂的脸不知道扭到哪里去了，也不敢再练口语了。办事处同事只好拿出50马克，并一再说“对不起！”

这位工作人员收下马克，郑重地对我们说：“需要吃多少，就点多少！钱是你自己的，但资源是全社会的，世界上有很多人还缺少资源，你们不能够，也没有理由浪费！”

我们脸都红了。但我们在心里却都认同这句话。一个富有的国家里，人们还有这种意识。我们得好好反思：我们是个资源不是很丰富的国家，而且人口众多，平时请客吃饭，剩下的总是很多，主人怕客人吃不好丢面子，担心被客人看成小气鬼，就点很多的菜，反正都有剩，你不会怪我不大方吧。

事实上，我们真的需要改变我们的一些习惯了，并且还要树立“大社会”的意识，再也不能“穷大方”了。那天，驻地的同事把罚单复印后，给每人一张做纪念，我们都愿意接受并决心保存着。阿桂说，回去后，他会再复印一些送给别人，自己的一张就贴在家里的墙壁上，以便时常提醒自己。

这是一个非常好的段子，看了并反思后，可能会让一些人汗颜。

大家应当从我做起，珍惜资源，反对浪费，节约用餐，如图7-23所示。

图 7-23　节约用餐

练习题

1. 简述用餐礼仪，有哪些行为应当绝对禁止？
2. 简述西餐有哪些座次安排规定？
3. 如何使用西式餐巾？
4. 西式用餐中，刀叉的正确使用方法是什么？
5. 中西用餐在进食方面有哪些区别？
6. 在用西餐的不同阶段，即用餐中、用餐结束时，刀叉应如何摆放？
7. 自助餐应遵守哪些礼仪？
8. 用自助餐的最大忌讳是什么？
9. 简述喝西式汤的正确方法。
10. 吃面包时，西式与中式有何区别？

第六节　交往礼仪

一、自我介绍

自我介绍，作为社交活动中给人的第一印象，常会产生“首轮效应”，它往往会产生微妙的影响。一次漂亮的自我介绍，往往能够成为与人有效沟通的桥梁，我们对一个人的好感、好印象，往往是从他得体大方的自我介绍开始的，是彼此相识的第一关。

其实，好的自我介绍，是需要一些技巧来辅助完成的。什么时候需要自我介绍呢？我们所熟知的，包括应聘新工作、开会发言、商业谈判、演讲辩论、参加聚会等。什么场合需要自我介绍呢？一般是有陌生人在场的情况下，介绍自己方便大家认识；或者在大型的比较正式的场合中介绍自己，以显示对这个活动的重视和尊重。

自我介绍的场合要视情形而定，如果都是熟人，十分熟悉的会议，当然不需要自我介绍了。关于介绍的顺序，在聚会中，主人一般会先做自我介绍，因为他是整个聚会的焦点，有必要让大家先了解一下。其他场合的自我介绍需遵循一个原则：地位低的人应先做介绍，以便让地位高的人了解自己。也就是：相对年轻的人，要主动向别人介绍自己，接下来长者再做自我介绍的回应。

还有要注意的，就是自我介绍的内容。如果是一些比较正式的应聘和谈判场合，介绍的内容要尽可能简洁、全面，挑选对方最感兴趣、最想了解的内容做介绍。

二、握手

握手是人们见面时相互致意的一种最普遍的方式。它不仅是一种见面的礼节，而且也是祝贺或感谢的一种表示。

握手的方式主要有平等式、控制式、手套式、虎钳式、抓指尖式。

(一)问候的顺序

(1) 地位低的向地位高的问候。

(2) 晚辈向长辈问候。

(3) 下级向上级问候。

(4) 主人向客人问候。

(5) 男士向女士问候。

(二)握手的顺序

(1) 尊者居前。

(2) 地位高的先伸手。

(3) 来宾先伸手。

(4) 女士先伸手。

忌讳：不能用左手握手；握手时不能戴墨镜、帽子、手套(女士在社交场合戴薄纱手套与男士握手可以)；与异性第一次见面不宜双手握。

(三)握手时的注意事项

(1) 与贵宾或与老人握手时的事项

当贵宾或老人伸出手来时，应快步上前，用双手握住对方的手，身体微微前倾，以表示尊重；还可根据场合边握手边问候，边表达热烈欢迎或热情致意的话。在握手时，千万不要昂首挺胸，也不要胆小畏缩。在社交场合遇到身份高的人士时，不要贸然上前打断对方的谈话或应酬活动，应在对方谈话或应酬告一段落后再上前问候，握手致意。

(2) 与上级或下级握手的事项

上下级见面时，一般应由上级先伸手，下级方可与之相握。如果上级不止一人，握手顺序应由职位高的到职位低的，如职位相当，则可按一般顺序，也可由一方介绍，你一一与之握手。

(3) 与女士握手有更多的讲究

在一般的场合中，女士总是习惯于点头或者微笑。是否要握手，完全看女士的习惯和高兴的程度而定。男士先伸手去和女士握手是不适合的，否则可能会使对方感到尴尬。不过，若男士已经伸出手来，女士也理应有所反应，不论怎么说，漠视一个自然而友好的举动是很不礼貌的。在握手前，男士必须先脱下手套，摘下帽子，而女士则可戴着手套。

三、递送名片

(1) 职位低的先向职位高的递。

(2) 男士先向女士递。

(3) 年轻的先向年长的递。

(4) 拜访者先向受访者递。

(5) 递送名片时，要准确告诉对方自己公司的名称，所属部门及本人姓名。

(6) 递名片时，需双手呈递。

(7) 递名片时，应将文字正方朝向接名片者。

(8) 接受名片时，应起身，面带微笑注视对方。

(9) 接过名片时，应说“谢谢”。

(10) 随后有一个微笑着阅读名片的过程。

(11) 阅读时，可将对方的姓名职衔念出声来，并抬头看看对方的脸，使对方产生一种受重视的满足感。然后，回敬一张本人的名片。

(12) 如话题尚未结束，不必急于将对方的名片收藏起来。

四、沟通

（一）职场上的六不谈

(1) 不能非议国家和政府。正式场合应当维护国家尊严、民族利益。信口开河给人的感觉是不稳重、不可靠。

(2) 不能涉及国家机密、行业秘密。

(3) 不能随便向外人提供内部机密。

(4) 不能随便向外国人提供国家机密。

(5) 不能在背后议论同行、领导和同事。切记：说是非者必是是非人。

(6) 不能谈论格调不高的问题。如果聊天的内容是家长里短、小道消息、男女关系，那样，做人就没有尊严可言。

(二) 不涉及个人隐私

生活中需要人与人之间的相互关怀，但是关心也应该有度，有些私人问题不便于询问。

(1) 不问收入。因为个人收入与个人能力、企业效益有关。

(2) 不问年龄，特别是临近退休和白领丽人的年龄不要问。

(3) 不问家庭婚姻。这涉及到人格尊严问题。

(4) 不问健康问题。因为个人健康决定了个人的前途。

(5) 不问个人经历。英雄不问出处，重在现在。

(6) 不问个人宗教信仰。

知 识 拓 展

优雅的生活

世上的变化可以让你眼花缭乱。在优雅的生活中，怎样去把握这种变化呢？在不落伍的同时，应保持自己的生活习惯、风格与时尚之间的平衡。

优雅与时尚完美的结合是一种难得的境界，但事实上，时尚并不能左右优雅，而优雅却可以包容时尚，又在某种程度上代表了一种生活理想。那么，我们的生活离开优雅有多远？优雅是可望而不可即的海市蜃楼吗？

民族风情的东西尽管有时粗糙，或者简陋，但确实是美丽、优雅的。务实、不夸张也是一种优雅。城市向往山村的自然秀丽，而山村向往城市的现代和新潮。其实，优雅就在咫尺之间，就看你如何去生活和体味了。

衣着对一个人的外表影响非常大，大多数人对一个人的认识，可说是先从其衣着开始的。它可以反映出你个人的气质、性格甚至内心世界。

一个人的修养体现于细节，而细节又体现在礼仪和着装上。国家领导人在出访时，是非常注重衣着言行的。因为他不仅代表着一个国家的国民素质和文化涵养，更会直接决定着一个国家在国际上的政治地位。

一个人在别人心目中的印象确实是受其穿着影响的。在此所要强调的是，你的衣着必须能够衬托出你的气质、体魄、肤色、发型和个性。

不同职业对人的要求是有差异的，而这种差异同样体现在穿着上。尽管某种职业的穿着标准没有成文的规定，但人们的心理上却存在着各种各样的定位。

通常，优雅来源于内在的涵养，而涵养的根源又是出于爱心，如图 7-24 所示。

图 7-24　优雅的生活

练习题

1. 在聚会中，为什么说自我介绍时主人要优先于其他人？
2. 问候礼仪的顺序是什么？
3. 简述握手礼仪的顺序。
4. 接收名片的基本礼仪是什么？
5. 简述职场上与人交谈时，应避讳哪些内容？
6. 在人际交往中，有哪些内容不能随便问？

第八章

商务礼仪

随着国家改革开放步伐的加快，各领域里的社会活动、各种仪式相继越来越多。例如开学典礼、新闻发布会、体育赛事、婚庆仪式、奠基仪式、展会、周年庆典、揭牌仪式、庆祝航空公司成立多少周年等。

在举办各种庆典活动时，均有相应的模式和规定。为了让读者将来走向社会、走向工作岗位时能尽快适应环境，适应社会的需要，这里增加了商务礼仪方面知识的学习，以扩大和补充我们的礼仪知识。通过学习，初步了解剪彩礼仪、颁奖典礼、会议接待、签约仪式等方面的知识，更好地完善和提升个人的礼仪修养。

第一节　庆 典 礼 仪

庆典是围绕重大事件或重大节日、纪念日而举行的庆祝活动仪式，是各种庆祝仪式的统称。这里，通过学习这方面的知识，一旦今后有机会被邀请参加这类活动时，我们就不会感到陌生了，而且能积极发挥我们的作用。

一、庆典仪式的准备

1. 做好舆论宣传工作

在举行庆典仪式之前，应做好适当的舆论宣传工作。

2. 拟出来宾人员名单

参加庆典仪式的人员应包括哪些？除媒体记者外，应包括下列几种。

(1) 政府相关部门的领导。主要是表达对上级机关的感谢并希望能继续得到支持。

(2) 社会知名人士。通过他们的名人效应，更好地提升自身的形象和层次。

(3) 有功人士。

(4) 友好单位人士。以增进友谊，共谋发展。

(5) 本单位参加庆典仪式的领导、工作人员。

3. 布置庆典仪式现场

(1) 庆典仪式的现场一般选在广场上，或有意义的建筑物的正前门。

(2) 布置现场要突出喜庆、隆重的气氛，应备有标语、彩旗、横幅、气球等。

(3) 还可以准备鼓乐、飞鸽等，来烘托和渲染气氛。

注意事项：

- 现场应有庆典仪式的主横幅。
- 现场须有摆放来宾赠礼（如花篮、贺匾、纪念物等）的位置。
- 音响或鼓乐声在节奏和音量上要加以控制，不可影响周边地区的正常生活秩序。
- 庆典仪式的规模可能会妨碍交通时，应约请交通管理部门来人协调指挥。

4. 做好以下准备工作

(1) 请柬的准备和发送。

(2) 贺词（或答词）的撰写、讨论和审定。

(3) 现场接待人员的安排。

(4) 调试好设备。

(5) 准备好来宾的胸花、席卡、饮品、礼物等，如图 8-1 所示。

图 8-1　做好来宾准备工作

二、庆典仪式的程序

(1) 迎宾。

(2) 开始。

(3) 致词。

(4) 致贺。

(5) 致谢。

三、参加者礼仪和宾客礼仪

1. 参加者礼仪要求

(1) 仪容整洁、着装规范。

(2) 遵守时间、按时到场。

(3) 神态庄重、态度亲切。

(4) 行为自律、礼貌在先。

2. 来宾者礼仪要求

(1) 服饰规范、准时到场。

(2) 带上贺礼、态度友善。

(3) 友好交流、握手话别。

练习题

1. 召开庆典仪式前，应从哪几方面做好筹备工作？
2. 简述庆典仪式的程序。
3. 参加庆典仪式的来宾应遵守哪些礼仪规范？

第二节 剪彩礼仪

剪彩仪式是指有关单位为了庆贺新单位成立、企业开工、宾馆落成、商店开张、银行开业、大型建筑物启用、道路或航线开通、展销会或博览会开幕等而隆重举行的一项礼仪性程序。在这种活动中，需要邀请重要人士使用剪刀剪断被称为“彩”的红色缎带，故此，该仪式被人们称为“剪彩”。剪彩礼仪如图 8-2 所示。

图 8-2 剪彩礼仪

一、目前通行的剪彩礼仪条目

(1) 剪彩的准备。

(2) 剪彩的人员。

(3) 剪彩的程序。

(4) 剪彩的做法。

二、剪彩仪式的准备

剪彩仪式可以单独举行，也可以在庆典中进行，是整个庆典仪式的高潮。剪彩仪式的准备工作与庆典仪式的准备工作类似，如舆论宣传、拟定人员、请柬发送、现场布置等。

但剪彩仪式也有自己特殊的准备工作。

1. 剪彩用品的准备

(1) 红色缎带：即剪彩仪式之中的“彩”。

(2) 新剪刀：是专供剪彩者在剪彩仪式上使用的。

(3) 白色薄纱手套：是专为剪彩者所准备的。

(4) 托盘：是礼仪小姐用来放置红色缎带、剪刀、白色薄纱手套的。

(5) 红色地毯：用于铺设在剪彩仪式所站立之处。

2. 剪彩人员的确定

(1) 剪彩者是登台持剪刀剪彩的人。既可以是一个人，也可以是多个人，但是一般不应多于 5 人。

(2) 剪彩者通常由上级领导、合作伙伴、社会名流、员工代表或客户代表来担任。

一般的规矩是：中间高于两侧，右侧高于左侧，地位高的，即主剪者应位于中央的位置。

礼仪小姐的选定：礼仪小姐既可从礼仪公司中聘请或向社会招募，也可以在本单位女士中挑选，条件为容貌较好，仪态端庄大方，有一定的文化素养和气质，身材匀称，身高 170 以上，年轻和健康等，如图 8-3 所示。

图 8-3　礼仪小姐引导

3. 剪彩仪式的程序

在庆典中的剪彩仪式，只是整个庆典的一个组成部分。如果是单独举办剪彩仪式，一般应有以下程序。

(1) 嘉宾入场。

(2) 仪式开始。

(3) 宾主讲话。

(4) 进行剪彩。

(5) 后续活动。

三、剪彩者、礼仪小姐的礼仪规范

1. 对剪彩者的礼仪要求

(1) 修饰自己的仪表着装。

(2) 注意剪彩中的举止行为。

(3) 尊重主办单位，尽力配合仪式进程。

2. 对礼仪小姐的礼仪要求

(1) 首先是仪容要高雅。

(2) 言行举止行为要规范。

(3) 工作态度要认真、有责任感。

3. 剪彩礼仪操作

(1) 拉彩带人员在剪彩时展开、拉直红色缎带。

(2) 为剪彩者提供剪刀、手套等剪彩用品，应站在剪彩者的右后方。

(3) 剪彩者登台时，引导礼仪人员应在其左前方引导登台，使之各就各位。

(4) 剪彩完毕，负责带领剪彩者退场。

练习题

1. 剪彩礼仪小姐出场前，应做好哪些个人着装仪容仪表及心理的准备？

2. 简述剪彩仪式的流程。

第三节　颁 奖 典 礼

礼仪小姐用托盘托住奖品上台（手臂与侧腰大约是一拳的距离，端托盘时，拇指露在托盘外面），如图 8-4 所示。要点如下：

- 多人颁奖时，上台后，整齐地站在受奖者后面；单独颁奖时，站在颁奖人的左侧。

- 礼仪小姐双手递承且鞠躬，让颁奖人接过奖杯或证书（向前微躬 15 度，把奖杯或证书递给颁奖人）。
- 礼仪小姐先下台（原路返回）。

做好礼仪接待工作，是关系到会议举办得成功与否的重要环节之一。

图 8-4 颁奖礼仪的训练

案例

某公司举行新项目开工剪彩仪式，请来张市长和当地各界名流参加，请他们坐在主席台上。仪式开始时，主持人宣布："请张市长下台剪彩！"却见张市长端坐没动；主持人很奇怪，重复了一遍："请张市长下台剪彩！"张市长还是端坐没动，脸上还露出一丝恼怒。

主持人又宣布了一遍："请张市长剪彩！"张市长这才很不情愿地勉强起来去剪彩。

请指出本案例中的失礼之处。

练习题

1. 集体颁奖大会上，礼仪小姐的站位如何？
2. 颁奖仪式的流程是什么？

第四节 会议接待礼仪

随着全球经济一体化及世界一体化进程的迅猛推进，举办各种重大会议商讨各类重大问题、交流经验、协调关系、处理相关事宜等，这些会议形式已经是很常见的了。

一、会议接待礼仪工作的内容

(1) 签到（备好纸、笔，另配有 1~2 名接待人员）。

(2) 引座（接待人员应有礼貌地将参会者引入会场就座）。

(3) 接待（待参会者就座后，接待人员应递茶或递上毛巾、水果，热情地向参会者解答各种问题，提供尽可能周到的服务）。

(4) 倒茶（动作轻盈、快捷、规范）。

(5) 其他服务。如果参会者有电话，或有人要相告特别重要的事时，服务人员应走到他身边，轻声转告他。

(6) 如果要通知主席台上的领导，最好用纸条传递通知，避免无关人员在台上频繁走动和耳语，分散参会者的注意力。

接待前，要做好工作计划，如图 8-5 所示。

图 8-5　做好接待前的工作计划

二、会议前的准备

注意以下几个方面。

(1) when：时间，你要告诉所有的参会人员，会议开始的时间和要进行多长时间。

(2) where：地点，是指会议在什么地点进行，要注意会议室的布局是不是适合这个会议的进行。

(3) who：人物，确定会议有哪些人物要来，公司这边谁来出席，是否已经请到了合适的嘉宾来出席这个会议。

(4) what：会议的议题，就是要讨论哪些问题。

(5) others：其他，即会议物品的准备，就是根据这次会议的类型、目的，需要哪些物品。比如纸、笔、牌子、麦克风、笔记本、投影仪、茶点等。如图 8-6 所示。

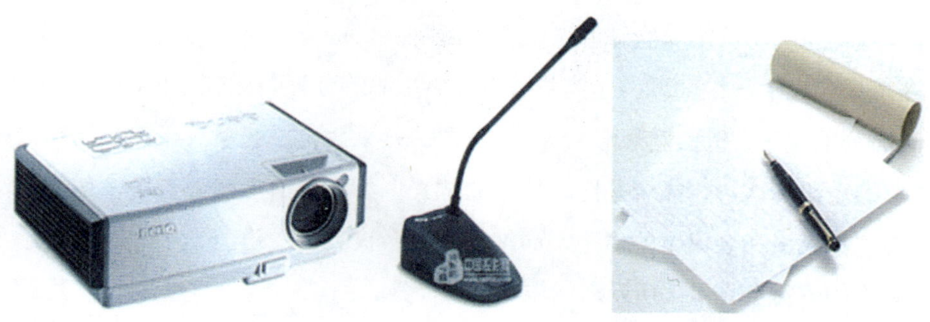

图 8-6 提前准备好设备

中型会议室有半圆型、课堂型的。

大型会议室有礼堂型、众星拱月型的。

三、会议进行中的工作

(1) 人员签到。

(2) 例行服务。

(3) 做好记录 。

(4) 编写简报。

四、会议主持人的礼仪

会议主持人的礼仪如下。

(1) 主持人应衣着整洁、庄重大方、精神饱满。

(2) 走上主席台应步伐稳健有力，行走的速度因会议的性质而定。

(3) 入席后，如果是站立主持，应双腿并拢，腰背挺直。持稿时，右手持稿的底中部，左手五指并拢自然下垂。双手持稿时，应与胸齐高。

(4) 坐姿主持时，应身体挺直，双臂前伸。两手轻按于桌沿。主持过程中，切忌出现搔头、揉眼、跷二郎腿等不雅动作。

(5) 主持人言谈应口齿清楚、思维敏捷、简明扼要。

(6) 主持人应根据会议性质调节会议气氛。

(7) 主持人对会场上的熟人不能打招呼，更不能寒暄闲谈。会议开始前，可点头、微笑致意。

五、会议座次安排的礼仪

1. 会议座次的安排

会议座次的安排分为方桌会议和圆桌会议两种。

(1) 在圆桌会议中，记住以门作为基准点，靠里面的位置是比较主要的座位，就可以了。

(2) 长方形的桌子 (包括椭圆形)，就是所谓的方桌会议。如果只有一位领导，一般坐在这个长方形的短边的这边，或者是比较靠里的位置。如果是由主客双方来参加的会议，一般分两侧就座，主人坐在会议桌的右边，而客人坐在会议桌的左边。

会议座次的安排如图 8-7 所示。

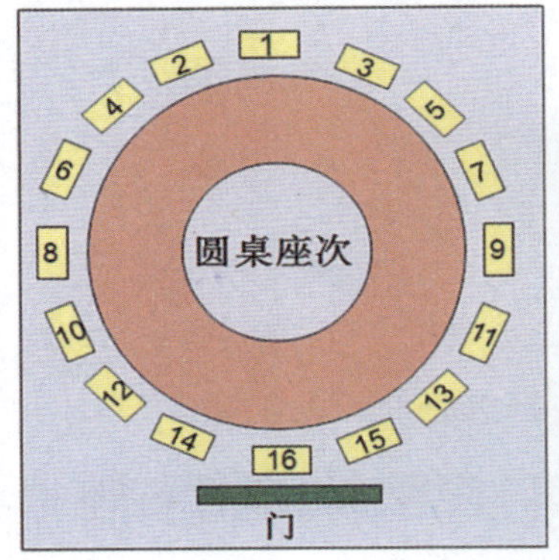

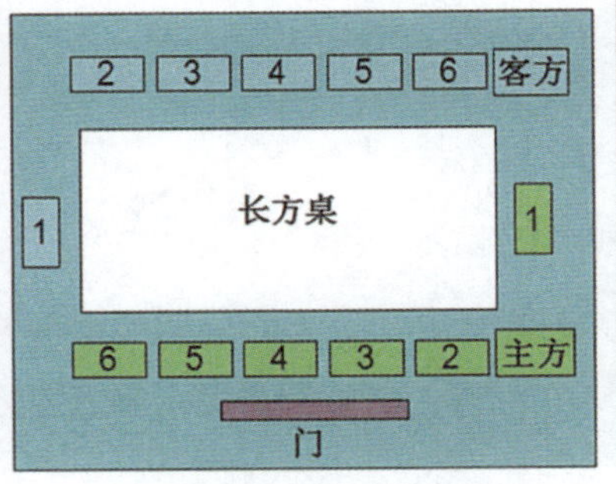

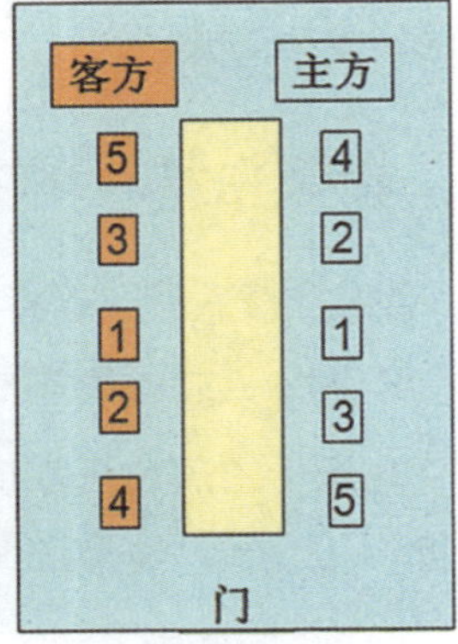

图 8-7　会议座次的安排

2. 会议座次安排的原则

(1) 面门为上。

(2) 居中为上。

(3) 以右为上 (国际惯例) 以左为上 (我国惯例)。

(4) 前排为上、以远为上 (远离房门为上)。

3. 大型会议的位次排列礼仪

举行大型会议时，需要分别对主席台和群众进行排位。在主席台上排座时，一方面要安排主席团成员的位次，另方一面，则要安排好发言席。

4. 小型会议的位次排列礼仪

小型会议的位次排列礼仪主要有三种方式。

(1) 自由就座。它一般不设固定座位，而由与会者完全自由地就座。

(2) 面门设座。通常将面对正门的座位作为主席位。其他与会者其两侧自左而右就坐。

(3) 居中设座。即中央的位次高于两侧，如果小型会议主持人不是一个人时，要注意左高右低。

六、会议善后工作的礼仪

1. 热情送客

(1) 赠送公司的纪念品。

(2) 参观。如参观公司或厂房等。

(3) 协助预订车票、飞机客票，提供车辆等交通工具。

2. 整理会场

(1) 对会议中使用的材料进行整理归类。

(2) 对材料收集，及时汇总，妥善存档，做好资料。

(3) 收集和销毁工作。

七、茶话会接待礼仪

茶话会是社交色彩最浓的一种。

1. 会议主题分类

(1) 联谊会。

(2) 娱乐会。

(3) 专题会。

2. 来宾邀请

(1) 本单位的顾问。

(2) 社会知名人士。

(3) 合作伙伴等各方面人士。

(4) 发送请柬。惯例是在半个月前，提出正式邀请，被邀请方可以答复，也可以不答复。

3. 时间地点的选择

时间、空间的具体选择。

4. 茶点的准备

(1) 不上主食、酒类，只提供茶点。

(2) 茶叶、茶具要挑选上品。

(3) 选用茶杯、茶碗、茶壶，最好是成套的陶瓷用品。

5. 座次的安排

根据参与会议的人员的具体身份，做好座次的安排，如图 8-8 所示。

图 8-8　茶话会的座次安排

6. 会议的议程

为了使会议能顺利召开，需要提前做好会议的议程。

7. 发言

这是茶话会要取得成功的重要条件。辞旧迎新、周年庆典、重大决策前后、遭遇危难挫折的时候，都是召开茶话会的良机。

练习题

1. 简述会议接待礼仪。
2. 会议前，需要准备的工作内容是什么？
3. 简述会议主持人应具备哪些仪态、仪表。
4. 会议座次安排的原则是什么？
5. 茶话会主题共分几种类型？

第五节　签约仪式

一般来讲，机关、团体、组织或企事业单位之间，经过协商，就某项事情达成协议，形成一个约定性文件后，应举行签约仪式。那么，签约仪式一般都有什么流程？可分为两个部分，一为准备工作，二是签字程序。

一、签约仪式的准备工作

(1) 签约用的文本。对即将签署的文件，要事先由双方定稿，并印刷、装订妥当，双方各备一份。

(2) 签字人。签约仪式视协议的性质确定，涉及面大的，应由主要负责人签字，涉及某一单项工作的，可由主管负责人签字。

(3) 场地。选择宽敞的大厅，中间设长方形签字桌一张。桌面洁净，可铺深色台布，桌台前放两把椅子，为签字人的座位。

(4) 主方签约人在左，客方签约人在右（指其主观位置），商务礼仪中，一般是以右为尊，在很多场合都这样。

(5) 文本可事先摆在双方的桌面，也可由助签人或其他工作人员携带。

二、签约程序

1. 双方人员进入签字厅

签约人走至本人座位前站立等候，双方其他人员分为主客并按身份顺序站在本方签约人之后。双方主要领导居中。助签人站在签字人靠边的一侧，来宾和新闻记者站在桌子前边，留适当的空间。

签约人座次如图 8-9 所示。

2. 签字开始

双方助签人拿出文本，翻开应签字的一页，指明签字的地方。签约人在对方保存的文本上签字，必要时，助签人要用吸墨器吸去字迹上的水分，防止污染，然后双方助签人相互传递文本。签约人再在对方保存的文本上签字。随后签字人双方交换文本，相互握手。

3. 握手祝贺

这时，站在后面的双方相关人员也要依次握手祝贺，有的还准备有香槟酒，在签约后共同举杯祝贺。

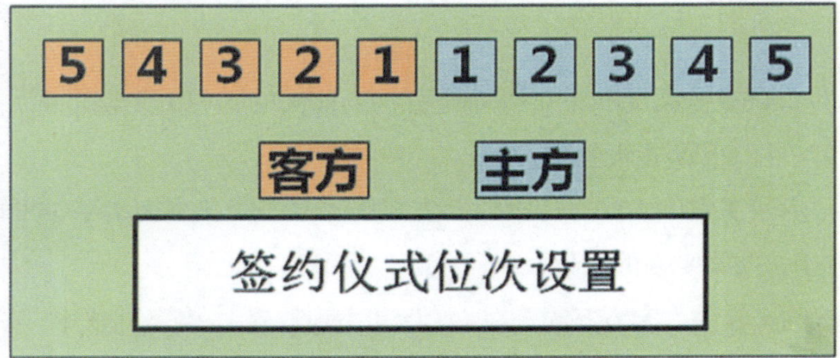

图 8-9 签约座次

4. 结束

签约后，可以留影纪念，也可做简短讲话，然后签约仪式结束。

练习题

1. 什么是签约仪式?

2. 签约仪式分成几步完成?

第九章

宗 教 礼 仪

宗教是一种社会意识形态，是人类社会发展到一定阶段出现的历史现象。在人类历史上，宗教的发展经历了由拜物教、多神教，最终发展到世界性宗教的过程。世界上的宗教种类很多，如果以民族、地域来分，重要的宗教有三百多种；以信徒人数来分，超过百万人的有 20 余种。

目前，在世界上广为流传的世界性三大宗教为基督教、伊斯兰教和佛教，这三大宗教均发源于亚洲。中国人习惯于在世界性三大宗教的基础上加上源于本国的道教，形成四大宗教。

正如日本学者宇野圆空先生所说："礼仪是被制度化和戒律化了的身心的宗教行动。"宗教礼仪，是指宗教信仰者为对其崇拜对象表示崇拜与恭敬所举行的各种例行的仪式、活动，以及与宗教密切相关的禁忌和讲究。

作为民航工作人员，需要将宗教和礼仪紧密相连，了解一些宗教的一般知识、礼仪和禁忌，开启对有宗教信仰国度客人的针对性、个性化服务的大门，让客人们能够在服务中感受到民航人对他们的尊重和友好。

第一节　佛教礼仪

佛教作为一种最古老的世界性宗教，它的信徒约有3亿多人，至今依然深深地影响着很多人。佛教是世界性三大宗教中最早传入中国的，自传入后，中国人便用自己的尺度“礼”来衡量能否接受外来的文化，经过长期的观察与适应，与儒家文化相结合，从而形成了中国特有的佛教礼仪。

案例 1

暑假是旅游的旺季，也是乘务员们最辛苦的时节。由北京飞往泰国的航班上熙熙攘攘，乘务员在登机口热情地欢迎着每一位乘客的到来。乘务员王芳第一次执行国际航班的任务，内心非常激动，她想把自己的热情展现给她服务的旅客们。

飞机平飞后，王芳开始服务。王芳一看，11A有一位泰国小乘客，大大的眼睛，棕色黝黑的皮肤，可爱至极。她抑制不住展现热情的激动，拿出一个小饰品，用手摸了摸小朋友的头说：“小朋友，你真可爱，这是阿姨给你准备的小礼物，希望你能喜欢。”

没想到，王芳这席温暖贴心的话语并没有引来小朋友家长的赞许，他们反而甚至用仇视的目光看了看王芳，告诉她：“NO!”

为什么热情的王芳没有受到泰国客人的欢迎呢？

一、佛教概况

佛教是公元前6世纪，由古印度的迦毗罗卫国（现在尼泊尔境内）的王子释迦牟尼（人称其为佛祖）创立的，距今已有2500多年的历史。相传，释迦牟尼王子29岁时出家修行，35岁悟道成佛，创立佛教。

公元2世纪，佛教开始由古印度向境外传播，早在东汉时期就已自西向东传入我国。佛教有三条主要的传播线路，分别是，从古印度向南传入尼泊尔、缅甸、泰国、柬埔寨、斯里兰卡等国家及中国西南的傣族等少数民族地区的南传佛教，从古印度向北传入中国，再由中国传入朝鲜、日本、越南等国的北传佛教，以及从印度向北传入尼泊尔，过喜马拉雅山，传入我国西藏地区，再由西藏传入我国内地、蒙古和西伯利亚地区的藏传佛教。

佛教的发展分为四个阶段，即原始佛教时期（公元前6世纪中叶至公元前4世纪中叶）、部派佛教时期（约公元前4世纪中叶至公元前1世纪中叶）、大乘锦教时期（约公元1世纪至公元7世纪）和密乘佛教时期（约公元7世纪至12世纪）。

圣像和圣物是佛教祭祀的主要对象。佛教的旗帜或佛像的胸间，一个是表示吉祥万德的标记，武则天将其定名为“万”，意为太阳光芒四射和燃烧的火，表示吉祥万德；另一个是法轮，意为佛之法轮如车轮，转动不息，可催破终生烦恼。

佛教的基本教规是“五戒”：不可杀生、不可偷盗、不可邪淫、不可妄语和不可喝酒；十诫：不杀、不盗、不淫、不酒、不妄语、不用化妆品、不视听歌舞、不睡高床、过午不食、不蓄财富。佛教的万字符如图 9-1 所示。

图 9-1　佛教的万字符

小知识补充 1

1. 我国四大佛教圣地

我国四大佛教圣地是五台山、峨眉山、普陀山、九华山，如图 9-2～9-5 所示。

图 9-2　山西五台山

图 9-3　四川峨眉山

图 9-4　浙江普陀山

图 9-5 安徽九华山

2. 藏传佛教的四大教派

藏传佛教的四大教派是宁玛派（红教）、噶举派（白教）、萨迦派（花教）和格鲁派（黄教）。

二、信奉佛教的主要国家

佛教信徒主要分布在东亚、南亚和东南亚的 20 多个国家和地区。据不完全统计，缅甸、越南、蒙古、泰国、柬埔寨、老挝、斯里兰卡等 80% 以上的人信仰佛教。中国、日本、韩国等也有许多佛教信徒。

小知识补充 2

1. 我国与佛教有关的世界遗产

我国与佛教有关的世界遗产有甘肃的敦煌莫高窟（见图 9-6）、重庆的大足石刻、西藏的拉萨布达拉宫、四川的峨眉山 / 乐山大佛、河南的龙门石窟、山西的云冈石窟。

2. 中国最早的佛教寺院

中国最早的佛教寺院是洛阳白马寺，如图 9-7 所示。

图 9-6　敦煌莫高窟

图 9-7　洛阳白马寺

三、佛教的主要节日

（一）佛诞节

佛诞节也称“浴佛节”，是纪念释迦牟尼诞生的节日。佛诞时间，各国所定不一，例如，中国汉族自宋代以后将佛诞时间定为农历十二月初八，日本在明治维新以后定为阳历 4 月 8 日，东南亚的一些国家极其重视这一节日，把时间定在 5 月的月圆日。适逢佛诞，佛寺将举行诵经法会，以各种名香净水灌洗佛像，并供养各种花卉。同时，还举行拜佛祭祖、施舍僧侣等庆祝活动。

（二）佛成道节

佛成道节是纪念释迦牟尼成佛的日子，也称成道节、成道会、腊八。中国佛教徒于阴历十二月八日，以米和果物煮粥供佛，称为“腊八粥”，后来吃“腊八粥”遂演变成为中国民间的风俗，如图 9-8 所示。

图 9-8　腊八粥

（三）佛涅槃日

佛涅槃日即释迦牟尼逝世的日子。南传佛教认为释迦是公元前 543 年去世的，北传佛教认为释迦是公元前 485 年去世的。所以南北佛教的佛纪年也相差很多。

（四）盂兰盆会

盂兰盆会俗称“鬼节”，于农历七月十五日举行。“盂兰盆”是梵文的音译，意为“救倒悬”。中国自梁武帝始设“盂兰盆斋”。唐代每年朝廷送盆到官寺供佛斋僧。到了宋代，便不是以盆供佛和僧，而是以盆施鬼了。再后，进一步形成专门饿鬼施食的放焰口等习俗，以后称作“鬼节”。

小知识补充 3

丰富多彩的佛教节日

中国汉族地区过去还有阿弥陀佛（农历十一月十七日）、药师佛（农历九月三十日）、弥勒佛（农历元月）、文殊菩萨（农历四月初四）、观音菩萨（农历二月十九日——观音诞，农历六月十九日——观音渡海，农历九月十九日——观音成道）、地藏菩萨（农历七月三十日）、普贤菩萨（农历二月二十一日）及佛教各个宗派祖师的诞辰等多种节日。

四、佛教礼仪

（一）称谓礼

佛教的称谓多属中印合璧，不仅特殊，而且颇具神秘色彩。凡出家的佛教徒必须剃除须发，披上袈裟，称为“披剃”。僧尼一经“披剃”，即入住寺院，开始与世俗隔绝的生活。

佛教的教制、教职在各国不尽相同，称谓也不完全一致。在我国寺院中的主要负责人称“住持”或“方丈”，负责处理寺院内部事物的称“监院”，负责对外联系的称“知客”，他们可被尊称为“高僧”、“长老”、“法师”、“大师”等。

佛门弟子依受戒律等级的不同，可分为出家五众和在家两众。出家五众是指沙弥、沙弥尼、式叉尼、比丘、比丘尼。在家两众是指优婆塞和优婆夷。佛教徒中出家的男性称“比丘”，简称“僧”，俗称“和尚”；出家的女性称“比丘尼”，简称“尼”，俗称“尼姑”。“僧”、“尼”亦可尊称“法师”、“师太”。不出家而遵守一定戒律的佛教信徒称“居士”，可尊称为“檀越”、“护法”、“施主”等。

（二）见面礼

合十礼是佛教徒的常用见面礼节，亦称合掌。施礼时，双手手心相对合拢，手指向上，专注一心，口念“阿弥陀佛”，以示尊敬。一般教徒在见面时，要虔诚地合掌，集中注意力，目光注视中指指尖，弯腰约九十度，颈宜直，头不可垂下。参拜佛祖或拜见高僧时要行跪合十礼，行礼时，右腿跪地，双手合掌于眉心中间。合十礼如图 9-9 所示。

图 9-9　合十礼

（三）丧葬礼

佛教的僧侣去世后一般实行火葬，其遗骨或骨灰被安置在特制的灵塔或骨灰瓮中。普通的佛教徒去世后，则实行天葬或水葬。佛教信徒死后，每年的祭日要由其家人为之举行祈祷冥福的追荐会，并发放布施。

（四）南无礼

南无念“那摩”，是佛教信徒一心归顺于佛的致敬语。常用来加在佛、菩萨名或经典题名之前，以表示对佛、法的尊敬和虔信。“南无”意思是“把一切献给 ××”或“向 ×× 表示敬意”。如称南无阿弥陀佛，则表示对阿弥陀佛的致敬和归顺。

（五）忏悔礼

佛教理论认为，只有心身清净的人才能悟得正果。但是世间是污浊的，即使出家人也可能随时身遭“垢染”，影响自己的功德。然而信徒不必因此而担心，因为通过忏悔，可灭除以往所有的罪过。

小知识补充 4

1. 佛教称谓礼仪之不问“尊姓大名”

不能问尊姓大名，出家人都姓释，出家入道后，由师父赐予法名。受戒时，由戒师赐予戒名。可问“法师上下（法号）如何？”例如，唐僧俗姓陈，本名祎，法名叫玄奘，唐太宗赐法号三藏法师合。

2. 一般信众礼仪的内容

主要包括入寺、拜佛、阅经、拜僧、法器、听经。

五、佛教的禁忌

（一）饮食禁忌

正如济公活佛所说：酒肉穿肠过，佛祖心中留，世人若学我，如同进魔道。佛教对其弟子的饮食有严格的要求。素食是佛教最基本、最重要的一条。佛教规定其弟子过午不食、不吃荤腥（“荤”是指有异味的蔬菜，如大蒜、大葱、韭菜、姜等。“腥”是指肉食，包括各种动物的肉，甚至蛋）、不喝酒。

（二）衣着禁忌

佛寺历来被佛教视为清净圣地，所以，佛教对其弟子的衣着有着“不着杂色衣”的要求。非佛教徒进入寺庙时，衣履要整洁，不能着背心、打赤膊、穿拖鞋。

（三）见面禁忌

不要主动伸手与僧众相握，尤其注意不要与出家的尼众握手，佛教徒内部是不用握手礼的。非佛教徒对寺院里的僧尼或在家的居士行礼，以我们前面所说的合十礼为宜。

（四）行为禁忌

当寺内要举行宗教仪式时，不能高声喧哗以及做出其他干扰宗教仪式或程序的举动。未经寺内执事人员允许，不可随便进入僧人寮房以及其他不对外开放的坛口。另外，为保持佛门清净，严禁将一切荤腥及其制品带入寺院。

（五）祭拜禁忌

入寺拜佛一般要烧香，这是为了让袅袅香烟扶摇直上，把诉诸佛的“信息”传递给众佛。由于佛教把单数看成吉数，所以在拈香时，香的支数一定是单数。

小知识补充 5

同是信奉佛教的国度，在佛教礼仪的忌讳中却还有一些不同。

在缅甸，佛教徒忌吃活物；忌穿鞋进入佛堂和一切神圣的地方。

在日本，有佛事的祭祀膳桌上禁忌带腥味的食品；忌食牛肉；妇女忌送东西给和尚。

在泰国，佛教徒最忌讳别人摸他们的头，即使是大人对小孩的抚爱也忌讳摸头顶；忌讳当着佛祖的面说轻率的话；佛教徒购买佛饰时忌说“购买”，只能用“求租”或“尊请”之类的词。

在中国，佛教徒忌别人随意触摸佛像、寺庙里的经书、钟鼓以及活佛的身体、佩戴的念珠等被视为“圣物”的东西。

在德昂族中，在“进洼”（关门节）、“出洼”（开门节）和“做摆”（庙会）等宗教祭日里，都要到佛寺拜祈三天，忌讳农事生产；进佛寺要脱鞋；与老佛爷（主僧）在一起时，忌吃马肉和狗肉；妇女一般不能接触佛爷，也不能与老佛爷谈话。

练习题

1. 佛教是什么时候由谁创立的？
2. 信仰佛教的主要有哪些国家？
3. 佛成道节是什么时候？在这一天需要吃什么？
4. 简述并演示佛教的见面礼。
5. 佛教的衣着禁忌有哪些？
6. 我国四大佛教名山是什么？分别位于何处？

第二节 基督教礼仪

基督教作为世界性三大宗教之一，是西方文明之源——两希文明（希伯来文明和希腊文明）的结晶，在西方各国，它的影响举足轻重。基督教早在唐太宗贞观九年(635年）就传入我国，可以说，基督教不仅构成了西方社会两千年来的文化传统和特色，还影响到了世界广大地区的历史发展和文化进程，其中，亚洲和非洲的信徒发展最快。

案例2

由上海飞往洛杉矶的CA168航班准时起飞了。这一天恰逢圣诞节，公司还在客舱中加入了圣诞节的装饰，点亮了整个客舱。广播员李欣在中英文广播词中加入了对所有乘客圣诞节的祝福，引来了客舱里中、外籍客人的阵阵欢呼。同时，公司还在客舱中结合圣诞节组织了丰富多彩的基督教知识问答活动，并为回答正确的客人送上了圣诞礼物。

虽然此次航班中的信仰基督教的中、外籍客人没有能到教堂参加活动，但是客人们在此次航班中感受到了节日的氛围。

一、基督教概况

基督教是信奉耶稣基督为救世主的各教派的总称，起源于公元1世纪的巴勒斯坦地区。相传，救世主耶稣奉圣父之命来到人间拯救人类，他主张爱和宽容。后来，由于被叛徒犹大出卖，耶稣受难于耶路撒冷，被罗马总督下令钉死在十字架上，如图9-10所示。

不要以为他是无力抵抗自己命运的，耶稣对一切早有预测。他清楚人都是会犯错误的。他就是要通过自己一个人的死，来承担天下人的罪责，以此希望唤醒人类的良知，让他们从互相指责、互相讨伐中悔悟，变为彼此宽容的。所以他死前的最后一句话是“成了。”

此后，人们把耶稣定为基督教的创始人，十字架视为信奉基督教的标志，耶路撒冷也成了基督教的圣地。在基督教的发展历史上，发生过两次大的分裂。第一次分裂于公元11世纪中叶，分裂为西部的天主教和东部的正教。第二次大的分裂在公元16世纪，因罗马天主教内部宗教改革而引发。这场改革运动从天主教中分离出基督教的一个新的派别——新教。所以，目前基督教三大主要派别分别是：天主教、东正教和新教。

基督教认为，上帝主宰天地，是天地万物的唯一创造者。基督教的主要经典是《圣经》。基督教要求人们做到：除了上帝，不得信仰其他神；不可制造和敬拜偶像；不可妄称圣父耶和华的名；勤劳工作6天，第7天休息；须孝敬父母；不许杀人；不许奸淫；不许偷盗；不许作假证来陷害他人；不许贪恋他人的财物。

图 9-10 耶稣受难的十字架（名画）

二、信奉基督教的主要国家

全世界基督教信徒约 18 亿人，约占世界总人口的 1/4。主要信奉的国家有英国、美国、澳大利亚、新西兰、丹麦、挪威、瑞典、冰岛、芬兰、爱沙尼亚、拉脱维亚。韩国、中国、新加坡、马来西亚等国家的基督教徒也比较多。

小知识补充 1

世界十大最壮美的教堂

圣家赎罪堂、Las Lajas 大教堂、圣巴索教堂、索菲亚大教堂、圣彼得教堂、巴黎圣母院、雷克雅未克大教堂、罗马千禧教堂、朗香教堂、洛杉矶水晶大教堂。

圣彼得教堂和巴黎圣母院分别如图 9-11、9-12 所示。

图 9-11 圣彼得教堂

图 9-12 巴黎圣母院

三、基督教的主要节日

基督教传播久远，支派繁杂，纪念节日在各国都有不同。各教派基本共同的、影响较大的节日，有圣诞节、复活节、圣灵降临节、感恩节。

（一）圣诞节

圣诞节在欧洲、美洲、大洋洲等基督教盛行的地区，成为民族风俗习惯中最主要的全民性节日。圣诞节是基督教纪念耶稣诞生的节日，是基督教最重要的节日。每年的 12 月 25 日为圣诞日，从这一天算起为时一周，其间要举行许多形式的宗教活动。12 月 24 日通常称为圣诞夜，一般教堂都要举行庆祝耶稣降生的夜礼拜（根据圣经，耶稣降生于晚上），礼拜中专门献唱“圣母颂”或“弥赛亚”等名曲。

如图 9-13 所示，在这幅漫画中，圣诞老人给孩子们送礼物来了。

图 9-13　圣诞老人送礼物

（二）复活节

复活节是为纪念耶稣复活的节日，是仅次于圣诞节的最大节日。

根据《圣经 • 新约全书》记载：耶稣被钉死在十字架上后的第三天从坟墓里复活、升天。公元 325 年，尼西亚公会议规定，复活节是每年春分后第一个圆月后的第一个星期日，一般在 3 月 22 日至 4 月 25 日之间。

复活节前要斋戒，减少宴乐活动。复活节这一天，教会举行隆重的宗教仪式，最流行的是吃复活节蛋，以象征复活和生命。

（三）圣灵降临节

亦称“圣灵降临瞻礼”，据《新约》记载，耶稣“复活”后第 40 天“升天”，第 50 天差遣“圣灵”降临。据此，教会规定每年复活节后第 50 天为圣灵降临节，又称“五旬节”。

（四）感恩节

此节为美国基督教的习俗节日，起源于 1621 年。1941 年起，将感恩节定在每年 11 月第四个星期四举行，教堂在这一天举行感恩礼拜，家庭也举行聚会，通常共食火鸡等。感恩节火鸡如图 9-14 所示。

图 9-14　感恩节火鸡

小知识补充 2

西方的情人节

情人节即圣瓦伦丁节，是每年的 2 月 14 日。这是一个情侣们的节日，富有浪漫色彩。年轻的恋人一起到郊外旅游，或去参加舞会。恋人们互赠有纪念意义的礼品或精美别致的贺卡。有的老年夫妇在这天也互赠鲜花，以表达他们持久的爱情。

四、基督教的礼仪

基督教最基本的礼仪同样是祈祷、祭祀。

（一）称谓礼

东正教的最高首领称牧首；重要城市的主教称都主教；地位低于都主教的称大主教；教堂负责人称主教或神父；离家进修会的男教徒称修士、女教徒称为修女。

在基督教内部，普通信徒之间可称平信徒。新教的教徒可称兄弟姐妹或同道。在我国，平信徒之间习惯称“教友”。对宗教职业人员，可按其教职称呼，如某主教、某牧师、某神父、某长老等。对外国基督教徒可称先生、女士、小姐或博士、主任、总干事等学衔或职衔。

（二）洗礼

洗礼是入教者必须领受的第一件圣事，受了洗礼才算是正式的教徒。洗礼方式一般分作点水礼和浸礼（见图 9-15）两种。

图 9-15　洗礼

前者由牧师用手沾“圣水”（经过祈祷祝圣的清水）点在受洗者额上，并念：“奉圣父、圣子、圣灵的名，为你施洗”，有的还沾水，在受洗者额上画一个十字架“圣号”。

浸礼多数在教堂特设的“浸礼池”中举行。牧师和受洗者都立在水中，由牧师扶住受洗人快速地在水中浸一下全身，并说：“奉圣父、圣子、圣灵的名，为你施浸”。

（三）礼拜

礼拜是基督教最经常举行的礼仪，一般每星期日举行一次，内容包括祈祷、读经、唱诗、讲道、祝福等。多由牧师主领，引用《圣经》的某些章节来宣传教义。祈祷包括口祷和默祷两种形式。祈祷者应始终保持必要的仪态，维系一种“祭神如神在”的虔诚。也有一些程序比较自由，没有主领人讲道，祈祷也无固定祷文，祷告末尾大都说“这都是靠着我主耶稣基督的功劳”，然后全体参加礼拜者说“阿门”。

（四）告解礼

告解礼俗称“忏悔”，是天主教的圣事之一，是耶稣为赦免教徒在领洗后对所犯错误向上帝请罪，使他们重新得到恩宠而定立的。忏悔时，教徒向神父或主教告明所犯的罪过，并表示忏悔；神父或主教对教徒所告请罪指定补赎方法，并为其保密。

（五）坚振礼

坚振礼即“坚信礼”，是为坚定教徒的信仰而举行的一种仪式。即入教者在接受洗礼后，一定时间内再接受主教的按手礼和敷油礼。

（六）圣餐礼

圣餐礼，亦称“神交圣礼”。基督教废除了人祭，把献祭变成象征性的仪式。圣餐是纪念基督救赎的宗教仪式，这一仪式又称“弥撒”，天主教称“圣体”，东正教称“圣体血”。

在仪式上，由众教徒向神职人员领取经祝圣后的面饼和葡萄酒，它象征吸收了耶稣的血和肉，而得到了耶稣的宠光。

小知识补充 3

圣餐礼的来源

据《新约全书》称，耶稣在最后的晚餐中，拿出饼和葡萄酒，祈祷后，分发给十二位门徒，说：“这是我的身体和血，是为众免罪而舍弃和流出的。”因此，天主教和东正教认为领“圣体”或“圣体血”，意为分享耶稣的生命。

五、基督教的禁忌

（一）饮食禁忌

禁止吃带血的或血液制品。天主教星期五忌吃热血动物的肉，比如猪、牛、羊、鸡等动物的肉；可以食用鱼、虾等水族的肉。东正教比较虔诚的信徒几乎是每周三、五都属禁食日，凡肉类、酒、油以及乳类制品是完全戒绝的。

（二）婚姻禁忌

根据《圣经》中伊甸园的记叙，基督教认为婚姻是神圣的，婚姻应以一夫一妻为原则。基督教不主张离婚。基督教传统认为，离婚的前提是一方犯淫乱的罪。圣经中提到离婚的另一个可被允许的情形，是为信仰不同之故，一方自愿离去。

（三）信仰禁忌

基督教忌讳崇拜除上帝以外的偶像，禁止看相、算命、占卜和占星术（星象学）等。向基督徒赠送礼品时，要避免上面有其他宗教的神像或者其他民族所崇拜的图腾。要尊重基督徒的信仰，不能以上帝起誓，更不能拿上帝开玩笑。

（四）数字禁忌

基督教讨厌“13”这个数和“星期五”这一天，要是13日和星期五恰巧是同一天（见图9-16），他们常常会闭门不出。在这些时间里，千万别打扰他们。

图9-16 恰巧“13”和“星期五”是同一天

（五）衣着禁忌

凡进入教堂的人，都要脱帽，举止都应端庄、严肃；衣冠不整或穿拖鞋、短裤入教堂是绝对禁止的。

小知识补充4

守斋

基督徒有守斋的习惯。基督教规定，教徒每周五及圣诞节前夕只食素菜和鱼类，不食其他肉类。天主教还有禁食的规定，即在耶稣受难节和圣诞节前一天，只吃一顿饱饭，其余两顿只能吃得半饱或者更少。基督徒在饭前往往要进行祈祷。如与基督徒一起用餐，要待教徒祈祷完毕后，再拿起餐具。

练习题

1. 基督教是什么时候、由谁创立的？
2. 基督教的标志是什么？
3. 请列举5个信仰基督教的国家。
4. 谈谈对圣诞节的感受。
5. 简述基督教的称谓礼。
6. 为什么基督徒不喜欢数字“13”和“星期五”？

第三节　伊斯兰教礼仪

伊斯兰教是世界上最重要的宗教之一，是世界上的第二大宗教。在世界三大宗教中，它的创立时间虽然较晚，但发展迅速，政教合一的历史久远。

在中国，旧称伊斯兰教为回教、清真教或天方教。中东、北非、东南亚及阿拉伯国家有着自己独特的礼仪习俗，为这些国家的客人进行服务时，一定要对那里的生活习俗有所了解，这样才能让他们更加满意。

案例 3

5 月的一天，某酒店前台预订部收到旅行社的预订单，在预订单上有一对来自新疆维吾尔族、信仰伊斯兰教的顾客——买买提夫妇，他们的旅游目的是旅行结婚。预订部立刻将这件事通知了客房部和其他有关部门。

客记部马上召开了例会，大家一起分析了伊斯兰的习俗，并安排服务员开始着手准备迎接工作。按照伊斯兰的习俗，前台服务员将坐东朝西的 205 房安排给他们住，并在房间内专门配备了一块小毛毯，专供顾客做宗教朝拜用。

酒店原来已经有专门针对新郎新娘的蜜月套房和标准，但这不太符合伊斯兰教的婚礼习俗。客房部按照顾客的习俗，重新布置了 205 房，房间里换上了红色的窗帘，并且选用了波斯风情的地毯。墙上挂上了穆斯林挂毯，并将原来的白色床单、被罩和枕套换成有穆斯林特色的花样和颜色，还尽量在客房布置了一些符合伊斯兰结婚习俗的装饰品。由于穆斯林教徒每天都要定时朝拜，客房服务人员还专门为买买提夫妇准备了一个时钟，将当地时间转换成穆斯林圣地“麦加”的时间，并且设置每天定时鸣响 5 次，提醒他们按时祈祷。同时，客房经理和服务员还了解和查阅有关资料，用伊斯兰教的教规特有的语言来写婚礼祝福卡，摆放在桌子上。因为此酒店没有设清真餐厅，客房送餐人员还专门在酒店外的清真饭馆为他们订购了一些穆斯林特色的菜肴和食品。

买买提夫妇如期来到了酒店。一路上，他们一直忐忑地担忧祈祷用品、装饰品和清真菜。然而，到了酒店后，当服务员带着他们看了专门为他们准备的新房和做祈祷的用品时，他们非常满意，所有的担心都不存在了。当看到酒店为他们写的新婚祝福卡时，他们为酒店提供如此真诚、细致的服务而感动；当吃着酒店为他们准备的清真菜时，他们心悦诚服地对酒店给予了最高的评价。一个星期之后，买买提夫妇准备到其他地方旅游了。临走的时候，他们在留言簿上留下了这样一句话：“在这里住就像在家里一样。如果有机会，我们将在庆祝结婚纪念日时，再次经历这些美好的日子！”

一、伊斯兰教概况

伊斯兰教是公元 7 世纪中期由麦加人穆罕默德在阿拉伯半岛创传的宗教。伊斯兰教以安拉为真主，以穆罕默德为真主的使者。

伊斯兰教名称中的“伊斯兰”为阿拉伯语音译，意思是“顺从”、“和平”。所有信仰伊斯兰教者均称为穆斯林，意即安拉旨意的“顺从者”。

伊斯兰教派系主要分为逊尼和什叶两大派系，也有其他一些小派系（如哈瓦里吉派、伊斯玛仪派）。

伊斯兰教历又称希吉来历（希吉来为迁徙的意思）。公元 622 年 7 月 16 日（阿拉伯太阴年 1 月 1 日）这一天称为希吉来历纪元元年元旦。

伊斯兰教的主要经典是《古兰经》。

伊斯兰教是个全面和平的宗教，希望团结、崇尚科学，其基本教义是：“万物非主，惟有真主。穆罕默德，真主使者。”

伊斯兰教的标记是星月，伊斯兰教堂如图 9-17 所示。

图 9-17　伊斯兰教堂

小知识补充 1

1. 伊斯兰教的六大信仰

信安拉、信使者、信天使、信经典、信前定、信后世。

2. 世界上最大的清真寺——费萨尔清真寺 (Faisal Mosque)

巴基斯坦伊斯兰堡的沙阿·费萨尔清真寺的大厅和庭院能容纳 10 万名朝圣者。相邻的一个场地上能容纳 20 万名朝圣者。该清真寺占地 18.97 公顷，祈祷大厅的面积是 0.48 公顷。费萨尔清真寺如图 9-18 所示。

图 9-18 费萨尔清真寺

二、信奉伊斯兰教的主要国家

据不完全统计，全世界伊斯兰教信徒约16亿人，主要分布在中东、阿拉伯半岛，以及非洲、亚洲的其他一些区域，共57个国家和地区。例如印度、中国、泰国、阿富汗、阿联酋、科威特、黎巴嫩、伊拉克、伊朗、哈萨克斯坦、乌兹别克斯坦等。

小知识补充 2

伊斯兰教与中国

在中国，伊斯兰教又称大食教、清真教、回回教、回教、天方教等。该教于7世纪中叶传入中国，在回族、维吾尔族、哈萨克族、乌孜别克族、塔吉克族、塔塔尔族、柯尔克孜族、东乡族、撒拉族、保安族等十多个民族中流传，有信徒1,400多万人，主要分布于我国西北部的甘肃、宁夏、新疆、青海等地，其余散布在全国各地。

中国伊斯兰教穆斯林，除新疆的塔吉克族有什叶派信徒外，绝大多数属于逊尼派。1953年成立了“中国伊斯兰教协会”，2001年成立了“中国伊斯兰教教务指导委员会”。

三、伊斯兰教的主要节日

（一）开斋节

开斋节是伊斯兰教历的10月1日。穆斯林在开斋节要净身、理发、剪指甲、穿新衣、吃枣子，到清真寺举行会礼（见图9-19）。去时、回时走不同的路。较富裕的穆斯林要施舍。会礼后，亲友互访，互赠礼品，举行庆祝活动。

图 9-19　开斋节会礼

（二）古尔邦节

古尔邦节亦称“宰牲节”，伊斯兰教历的 12 月 8 日至 10 日为宰牲节，清真寺举行会礼。宰牲献祭，牲畜肉分三份，一份送亲友，一份施舍，留一份自食。亲友间互相拜会。

（三）圣忌节

圣忌节阿拉伯语称“冒路德节”，与“开斋节”、“古尔邦节”并称伊斯兰教三大节日，在每年 6 月 8 日进行。当日，穆斯林前往清真寺听教长、阿訇讲经，然后游玩一天，有的还宰杀牛羊，设宴聚餐。

小知识补充 3

圣忌节为何定在每年的 6 月 8 日？

因为相传这天为穆罕默德的逝世日。为缅怀穆罕默德的功德，举行纪念活动，所以这一天也称为“圣忌”。

四、伊斯兰教的礼仪

（一）称谓礼

伊斯兰教信徒称“穆斯林”。信徒之间不分职位高低，都互称兄弟，或叫“多斯提”。

对知己朋友称“哈毕布”。对在清真寺做礼拜的穆斯林，统称为“乡老”。对麦加朝觐过的穆斯林，在其姓名前冠以在穆斯林中十分荣耀的称谓“哈吉”。对管理清真寺事务和在清真寺内办经学教育的穆斯林，称“管寺乡老”、“社头”、“学董”。对德高望重、有学识和有地位的穆斯林长者，尊称为“筛海”、“握力”、“巴巴”和“阿林”等。伊斯兰教对教职人员和具有伊斯兰教专业知识者通称为“阿訇”，是对伊斯兰教学者、宗教家和教师的尊称；其中，年长者被尊称为“阿訇老人家”。

中国伊斯兰教一般把在清真寺任职并主持清真寺教务的阿訇称为“教长”或“伊玛目”；把讲授经训的师长和讲授《古兰经》、圣训及其他伊斯兰教经典的宗教人员都称为“经师”；把伊斯兰教教法说明者和协助清真寺伊玛目处理日常教法事务的助手称为“穆夫提”；把主持清真女寺教务或教学的妇女称为“师娘”；把在清真寺里求学的学生称为“满拉”、“海里发”。

（二）见面礼

伊斯兰教徒相见，先要互相问安，后再交谈。见到尊长，应直立敬礼。同辈相见，行握手礼（见图 9-20）。对十分亲密的友人，行拥抱吻礼。在见面互相敬礼的同时，还互相用祝词祝贺对方。上门拜访时，一定要征得主人家同意，方可入门。

图 9-20 握手礼

（三）服饰礼

伊斯兰教在服饰方面的基本原则是顺乎自然，不追求豪华，讲究简朴、洁净、美观，鼓励人们修饰头发和胡须。服饰方面以右开始为可嘉（穿衣服鞋时从右侧开始，脱时从左侧开始）。穿衣服同样也应该念“泰斯米”。伊斯兰教对女性的服饰有较多的要求，外出时，身体除了手和眼睛以外，必须遮盖起来。所以穆斯林妇女要戴“盖头”，即把头发、耳朵、脖子都遮在里面，只露出面部。另外，妇女除了戴盖头外，一般还要戴面纱，只露出双眼。在中国，伊斯兰教徒的服饰也是如此，如女性穆斯林在外出时必须戴盖头，老年妇女戴白色的盖头，已婚妇女戴黑色盖头，未婚少女戴绿色盖头。穆斯林男子则多戴无檐小帽，这种小帽又名“礼拜帽”或称“回回帽”，一般为白色。参加礼拜或各种仪式时须戴礼拜帽。

伊斯兰教的服饰如图 9-21 所示。

图 9-21　伊斯兰教的服饰

（四）行进礼

伊斯兰教徒走路时谦虚、文雅、柔和、轻盈；稳重地行走，目不斜视，不看没有血缘关系的妇女；向认识者与不认识者道“塞俩目”（求真主赐你平安）；保持道路清洁，不在地上乱丢赃物，尤其是不乱丢有害于人类的东西。

（五）生活礼

伊斯兰教徒子女在晨礼前、午时脱下衣装后、宵礼后，要进入长辈卧室，必须先征得长辈的同意。

伊斯兰教徒吃饭时，饭前、饭后应当洗手；吃饭前当念“泰斯米”，饭毕，应念感谢词；应先让年长者开始吃；食物端上后，不要贬斥食物；用右手吃紧挨着自己的食物；吃饭后舔手为可嘉。

伊斯兰教徒喝水时，坐着喝为可嘉，用右手喝，如果人多，应先让右边的人喝。泰斯米、赞颂、喝水三次。

伊斯兰教徒打喷嚏时，要用手和手绢捂住嘴，尽力压低声音；用“愿安拉引导你”的句子来祝福非穆斯林的打喷嚏者。伊斯兰教徒打哈欠时，要尽力压低声音。如果哈欠止不住，则把手放到口上。

（六）丧葬礼

伊斯兰教徒死后实行“土葬，速葬，薄葬”，主张丧事要从简。举行殡礼时，由阿訇或地方长官，或教长或至亲等率众站立默祷，祈求安拉赦免亡人的罪过，为亡人祈福。参加殡礼的人要对着亡人的胸部，向西站立，不能站在亡人面前。尸体下土埋葬时头南脚北，面朝西，向着圣地“克尔白”。坟墓南北向，长方形。

（七）婚姻礼

伊斯兰教的男子可以与基督教、犹太教的女子结婚。相反，穆斯林女子不能与上述教徒男子结婚。一般北印度，特别是印地语地区较为严格。

小知识补充 4

伊斯兰教的宗教生活五功

伊斯兰教的宗教生活五功即“念、礼、斋、课、朝”。念：信仰的确认。礼：信仰的支柱。斋：寡欲清心，以近真主。课：伊斯兰教的个人所得税，即天课。朝：即朝觐，凡有条件的男女穆斯林一生中必须去沙特麦加城内的“克尔白”朝觐一次。

五、伊斯兰教的禁忌

（一）饮食禁忌

伊斯兰教对饮食有严格的规定：不食猪（见图 9-22）和不反刍的猫、狗、马、驴、骡、鸟类、没有鳞的水生动物；不食自死的动物、非穆斯林宰杀的动物、动物的血；杀牲前要念经祈祷，并采用断喉见血的方法；不食生葱、生蒜等异味的东西；禁止饮酒。禁止用金、银器皿喝水；禁止吃、喝填满肚腹。

图 9-22 禁食猪肉

（二）信仰禁忌

根据“认主独一”的信条，伊斯兰教徒禁止崇拜多神、偶像，只信安拉；禁止赌博、占卜、看相、算卦；禁模制、塑造、绘制任何动物的图像，包括人的形象也在禁忌之列。所以在伊斯兰建筑艺术与其他艺术作品中，只能看到绘制的植物或几何图形。

（三）服饰禁忌

禁止男性穿戴高贵服饰以及佩戴金银等豪华奢侈品；严禁妇女显露除两手、双足及面部外的身体部位，不得让无关的男性看见女性身体上的装饰和佩戴；严禁改变人类原造的矫饰行为，忌讳穆斯林穿外教服装；禁止男子模仿妇女、妇女模仿男子的行为和装束。避免非法的服饰、装饰和仪表；严禁刺青。穆斯林在礼拜前必须净身，清真寺大殿内严禁穿鞋进入。非穆斯林进入清真寺时，不能袒胸露背，不能穿短裙和短裤。

（四）行为禁忌

穆斯林每天要做 5 次礼拜，在礼拜期间，忌外来人表示不耐烦与干扰礼拜的样子。在穆斯林做礼拜时，无论何人何事，都不能喊叫礼拜者，也不能在礼拜者前面走动。礼拜时，更不能唉声叹气、呻吟和无故清嗓；严禁大笑、吃东西。在伊斯兰教历九月，进行斋戒，每日从日出到日落禁止饮食和房事。

（五）特殊禁忌

许多伊斯兰教徒认为人的左手不洁，所以与之握手或递送礼物时不能用左手，尤其不能单用左手。不应将人类和动物的雕塑、画像之类的物品赠予伊斯兰教徒，尤其是带有动物形象的礼品，更不能相送，他们认为这会给他们带来厄运。

（六）丧葬禁忌

严格禁止披麻戴孝、号啕大哭、大操大办；不允许把尸体运回遥远的家乡；不允许在太阳正在升起的时候举行葬礼和下葬；不用棺椁，用白布裹尸，也不用任何陪葬物或殉葬品，主张三日必葬，入土为安；待葬期间不宴客、不毅孝、不磕头、不鞠躬、不设祭品。

（七）婚姻禁忌

伊斯兰教教徒严禁与有相近血缘、亲缘、婚缘和乳缘关系的人结婚；通常禁止与外教人结婚；严禁娶有夫之妇；禁止视离婚为儿戏，妻子在世时，不能同小姨子结婚，当妻子死掉或离婚以后才可以，姐妹二人不能同时做同一个人的妻子。

小知识补充 5

伊斯兰教国旗的色彩含义

伊斯兰教有特殊的标记和色彩，这也表现在伊斯兰国家的国旗上。新月和五角星是伊斯兰教的标记，绿色是穆斯林所喜爱的颜色。此外，阿拉伯国家的国旗有的也反映伊斯兰教的历史。红、白、黑、绿 4 种颜色称为泛阿拉伯颜色，分别代表穆罕默德后代的倭马亚、阿巴斯、法蒂玛、哈希姆这 4 个朝代。如图 9-23 所示。

图 9-23　伊斯兰教巴基斯坦国旗

练习题

1. 谈谈你对伊斯兰教的认识。
2. 信仰伊斯兰教的国家主要分布在哪里？
3. 查找关于开斋节的资料，谈谈你对开斋节的认识。
4. 简述并演示伊斯兰教的握手礼。
5. 简述伊斯兰教徒的服饰禁忌。
6. 伊斯兰教国旗的色彩有什么含义？

第四节　道 教 礼 仪

道教是中国固有的一种宗教，深深扎根于中华沃土之中，具有鲜明的中国特色。在近两千年的道教史中，秦汉统一王朝的崩溃，儒家思想文化统治的打破，为道教的兴起提供了有利时机。隋唐北宋时期，由于统治阶级的推崇，道教开始走向兴盛。到了南宋金元时期，道教发生了重大变革，形成了影响后世重要的两大道派——全真道和正一道。进入明清，中国封建统治步入晚期，道教也随之衰落。但如同儒家思想和佛教一样，时至今日，道教对中国人民的精神生活、风俗民情等仍然有着很大的影响。道教自创立后，在形成自己独特的礼仪形象时，承继了道家和吸收了儒家以及中国传统礼仪的一些礼节，结合道教的实际情况，对道士的衣食住行等方面的外在形象进行规范，使其从言语、服饰、出入、饮食、诵听、斋醮等方面有别于俗人，约束道士清心修道，超越凡尘。

案例 4

王斌从小受祖父影响，对道家文化有独到的喜爱。他随旅游团来到青岛崂山，看到崂山山峦峭拔耸秀，涧壑曲折，危石累累欲动，峭壁并列穿空，古柏苍松竞翠，修竹奇花争妍，山海相连，云飞霞飘，顿时想起了爷爷曾经跟他说过崂山自古便被人们誉为“神仙之宅，灵异之府”。传说山中不仅住有神仙，而且还有可致长生不老的仙丹妙药。

听着导游的介绍，王斌了解到古往今来，许多方士、道士及文人墨客纷纷前往山中隐居修炼及参观游览。当听说坐落在老君峰下的太清宫现为全国道教重点开放宫观时，王斌迫不及待地想马上到达那里，感受源自我国传统的道家文化。

一、道教概况

道教是中国古代宗教按其自身内在的逻辑经过长期的历史发展而形成的，是中国土生土长的传统宗教。道教相传为东汉顺帝张道陵创立于距今 1800 多年的东汉时期。因入道者须出五斗米，故又称“五斗米道”。道教作为一种成熟的宗教，不仅具有宗教组织、活动场所、行为方式等外在的东西，更重要的是，有一套完整的神学理论——道教教义。

道教的核心信仰是神化了的“道”。道教有一套完整的修炼方法，追求长生不老、肉身成仙。《道藏》是道教经典的总集，是中国古代文化遗产的重要组成部分。道教的标记是太极八卦图(见图 9-24)。道教是一种崇奉多神的宗教，主要可以概括为以太上老君为主的行教之神、以玉皇大帝为主的行政之神和以斗姆天尊为主的自然之神三大系列。

图 9-24　太极八卦图

小知识补充 1

道家与道教

道教的创始人确实是东汉的张道陵。至于老子，他是道家学说的创始人，而不是道教。也就是说，当年老子提出了自己的学说，形成了道家，但并未因此创立宗教。到了东汉，张道陵以老子的学说为基础，创立了新的宗教——道教。所以，道教的源泉和根本是老子，但真正的创始人是张道陵。

小知识补充 2

道教八大神仙

在民间流传最广的道教的八大神仙，是铁拐李、汉钟离、张果老、何仙姑、吕洞宾、韩湘子、曹国舅、蓝采和。

二、信奉道教的主要国家

道教信徒主要分布在中国等部分亚洲国家中。

小知识补充 3

蓬莱阁与道教

“八仙过海，各显神通”的故事在我国流传最广。山东蓬莱据传为八仙过海的发生地，当地建有蓬莱阁，如图 9-25 所示。

图 9-25 蓬莱阁

三、道教的主要节日

（一）老君圣诞

老君圣诞是纪念道教所奉教祖老子诞生的日子。相传，老子生于殷武丁九年二月十五日（大概比孔子早几十年），后世道观就于每年此日做道场，诵《道德真经》以为纪念。

（二）玉皇圣诞

玉皇圣诞是纪念道教所奉玉皇大帝的诞生日。道教各种典籍称玉皇大帝生于丙午岁正月九日，后世道观遂于每年此日举行祭祀，以纪念玉皇诞辰。

（三）吕祖诞辰

吕祖诞辰是纪念八仙之一的吕洞宾诞生的日子。

（四）蟠桃会

蟠桃会是神话中西王母以蟠桃宴请诸仙的盛会。相传夏历三月三日为西王母诞辰，是日西王母大开蟠桃会，诸仙都来为她上寿。道教每年于此日举行盛会，俗称蟠桃会。

小知识补充 4

吕祖诞辰的来历

相传唐德宗贞元十四年（公元 798 年）四月十四日巳时，众见一白鹤自天而降，飞入吕洞宾母之房中。其时吕母正寐，亦梦此情此景，惊觉，遂生吕洞宾。后世道观根据这一传说以四月十四日为吕祖诞辰，并于每年此日举办斋醮以示纪念。

四、道教的礼仪

（一）称谓礼

出家的道士，一般应尊称为“道长”。道士又称“黄冠”、“羽客”。女道士一般应尊称为“道姑”，又可称“女冠”。此外，还可根据其职务尊称法师、宗师、方丈、监院、住持、知客。非宗教人员对道士可尊称“道长”或“法师”，前面也可以冠以姓，例如称“王道长”或“刘法师”等。

（二）见面礼

道士不论在与同道还是与外客的接触中，习惯于双手抱拳胸前，以拱手作揖为礼，向对方问好致敬，这是道教传统的礼仪。作揖致礼的形式，是道教相沿迄今的一种古朴、诚挚、相互尊重和表示友谊的礼貌(见图 9-26)。见面时用语为“无量天尊”或“赦罪天尊”，通用应答语为“慈悲”，也可同语应答。后辈道徒遇到前辈道长时，一般可行跪拜礼、半跪礼或鞠躬礼。非宗教人员遇到道士，过去行拱手礼，现在也可以随俗，握手问好。

图 9-26　作揖

(三)服饰礼

服饰是道教宗教形态上的一个突出标志。道士在庙中必须头上戴巾，身穿道服、白袜、覆鞋。道士的合格服饰，不仅是衣帽整齐，而且要衣冠整齐。所谓的“冠”，不仅是指帽子，而且指特制的礼饰。最通用的有黄冠、五岳冠、五老冠等，这些是做法事时用的，专场专用，不能随便戴上。道人的鞋、袜也有规矩，鞋以青布双脸鞋为最合格，一般穿青布圆口鞋或青白相间的“十方鞋”，多耳麻鞋也可。袜则统用白布高筒袜。道人裤管齐膝下绑扎，必须装入袜筒内。巡察时，必须衣冠整齐，庄严从事。道家道袍如图 9-29 所示。

图 9-27　道家道袍

（四）作务礼

凡是作务不应称劳苦。平常应爱惜宫观中的一切事物。洗菜、做饭及做其他事时，应三次洗手，洗去一切污垢。

（五）道场礼

道场是一种为善男信女祈福、禳灾、超度亡灵而设坛祭祷神灵的宗教活动。道教的斋醮道场分为祈祥道场和度亡道场。凡参加道场的信众，均要斋戒沐浴，诚心恳祷，服装整洁，随同跪拜。祈祥时默念“消灾延寿天尊”，度亡时默念“太乙救苦天尊”，求福时默念“福生无量天尊”。

（六）诵经礼

诵经是道教的主要宗教活动。道士每天要诵经两次，称早晚功课。早诵清净经，晚诵救苦经。

（七）上殿礼

道士上殿时，必须穿戴整洁。道士值殿时，禁止谈笑，并要保持殿宇整洁。道士在道观内的饮食、起居和作息，均须按各道观内的清规执行。如饭前念“供养经”，吃饭时不准讲话，碗筷不要有响声，饭后念“结斋经”。

外道进道观时，必须先上殿进香和行礼，并且同知客道士对话。非宗教教徒参观道观时，礼拜、上香可以随意，如果上香，上香礼为双手持香，过顶，插入香炉，鞠躬后退。一般信徒上香，可以跪拜，通常是三叩首。

小知识补充 5

冠巾：道士出家后还需“冠巾”。“冠巾”是出家道人正式成为道人的仪式。

五、道教的禁忌

（一）衣着禁忌

不得敞着裤管；不穿高筒白袜；不扎裤脚上殿；殿主不让进殿时，进了殿要受罚；道人不得顶“冠”如厕，戴“冠”如厕者要受罚。

（二）行为禁忌

不得无故进入其他宫观及僧院，也不得无故去俗人家。有事去俗人家时，办完事即返回，不得久留。远近出入不应失礼。同事或失礼时不可讽笑。

（三）言语禁忌

进入法堂以及上宴席时，不应高声言语，也不应大声咳嗽；不得多言，不得与师辈争话，不言人之过失；不说俗人家务；不言为媒保事；不与妇人低声密语。如问家常事，不必礼拜；不与人说符咒幻术及一切旁门小术。

（四）沐浴禁忌

不应与俗人同浴，入浴堂时不得与别人共语。

（五）盥栉礼仪

漱吐水应当慢慢引下，不应高声呕吐唾涕；不应把脏水泼溅到别人衣服上；不得在法堂中神像前剌齿唾涕。

小知识补充 6

道教的主要道规

道教的主要道规是"三皈五戒"。三皈即皈道、皈经、皈师。其作用是：皈依道，常侍天尊，永脱轮回；皈依经，生生世世，得闻正法；皈依师，学以上乘，不入邪念。五戒是：一不杀生，二不偷盗，三不邪淫，四不妄语，五不酒肉。

此外，还有"八戒"、"十戒"、"老君二十七戒"等，戒条最多者达 1,200 条。凡出家道士都要受戒，遵守道规。

练习题

1. 道教的标志是什么？有什么含义？
2. 道教起源于哪里？
3. 介绍 4 个我国的道教圣地。
4. 简述并演示道教的见面礼——作揖。
5. 道教在言语方面有哪些禁忌？
6. 道教的主要节日有哪些？你最喜欢哪一个？为什么？

参 考 文 献

1．空乘人员化妆技巧与形象塑造（内部资料）

2．民航资源网：http://www.carnoc.com/

3．中华礼仪网：http://www.zhonghualiyi.com/

4．百度网：https://www.baidu.com/

5．周思敏．服务礼仪．北京：高教音像出版社，2013